U0458472

中国民间
崇拜文化丛书

徐彻——著

冥界百

鬼

上海三联书店

编者的话

　　这四本书稿，我是在一年前开始接触的。如今，没有一个总起的序言。我便拨通了徐彻先生的电话，想请他写个自序。他接起电话，像往常一样客气又直爽。我简单表明了想法，没想到他在做透析，每周至少有三天在医院。他说，这个序言他是写不了了。他的声音稳重有力，我一时不能想象他在被病痛折磨。我询问是否有相识的学者，可以帮忙写序。他说，就他所知，做这方面研究的教授极少，没人愿意弄这个。我想了想，提议请沪上一位有名的学者写。他觉得此人一来不认识，二来对方虽然从事一部分宗教研究，但方向是中国基督教史，不合适。

　　随即电话那头传来了笑声，徐彻先生说，就你吧，我觉得你写这个序最适合。我连忙推脱，可是他异常坚持。

为徐彻先生的书写序，不胜惶恐，不仅因为徐彻先生著作等身，既是大学者，又是编辑界的前辈，更因为这四本看似轻小的丛书，里面有大学问。要为这套丛书写序，怎么也得是个大学者。作为编辑，我能够讲的只是另外一些东西。

这套名为"中国民间崇拜文化"的丛书，共四册，分别是《佛界百佛》《道界百仙》《冥界百鬼》《民间百神》。曾想给它们取"更市场化"的名字，试过好几个版本，还是原书名更准确地表达了书的内容，也更大气。四本书格局一致，每个佛仙鬼神都有编号，从1至100。为此特意在内文的右侧做了一个索引的设计，即便快速翻看，也能找到你想了解的佛仙鬼神。我想将它做成字典、手册，便于随时查阅和学习。

和大多数读者一样，我对这块知识也是"一知半解"或只是"道听途说"。在这之前，没有系统地学习，甚至没有读过类似的著作。但在阅读了书稿的一些章节后，我立刻意识到，这是套不容错过的好书。

书中佛仙鬼神的名称，对于不是研习宗教学的人来说，需要格外小心。我借来了《大辞海·宗教卷》(上海辞书出版社)、《佛教小辞典》(上海辞书出版社)，对每个佛仙鬼神一一核对。例如，阿弥陀佛的十三个名号，十六罗汉、天龙八部、十殿阎王各自的名称等，都极容易出现重复和错字。《佛界百佛》中佛的名称多是梵语音译，对照也需仔细。内容的准确是一本书的底线，为此请了专家审读把关，对难把握的地方反复校定。《佛界百佛》讲到马头明王时有一段：

马头明王虽为观音化身，但其面目无温柔容，而现愤怒相。其像有一面二臂、三面八臂、四面二臂、四面八臂等多种。一面二臂者，身红色，三眼圆睁，獠牙外露，发须皆红黄上竖，头顶上有绿色马首。右手持骷髅宝杖，左手施期克印。头戴五骷髅冠，项挂五十人头璎珞，以虎皮为裙，以蛇饰为庄重。以莲花日轮为座，威立于炽热般若烈焰中。

这段文字写得很好，只有一句"发须皆红黄上竖"让人有疑问：红黄是两色，前面却用了"皆"字。是否应为"发须皆红而上竖"呢？我首先查看了马头明王的画像，其造型都是赤红一身，说"身红色"是没有问题的。发须是红黄二色，因此不应是"发须皆红而上竖"。我依然不放心，又查阅了《佛教小辞典》关于马头明王的描述，但辞典并无对马头明王毛发的说法。我再上网查询，居然见到网页上关于马头明王的一段文字，竟与书稿上这段文字，一字不差！

我心一紧，立即联系了徐彻先生。他耐心地作了答：一、上面一段文字，是他本人写的。因为书稿中部分内容之前出版过，网上此类关于马头明王的说法，应该是引用了他文章中的文字。二、马头明王的须发还是"红黄上竖"。最后,这段文字,"发须皆红黄上竖"一句去掉了"皆"字,"威立于炽热般若烈焰中"一句去掉了"炽热"两字。

书稿中每个佛仙鬼神原来都配有图片,由于图片质量不等,加之风格不一,只好做了大量的删除和修改。我先制定了一个标准:不是老的不用。也就是说,书中的插图要么是古画,要么是古代雕塑、石刻,尽可能的气质统一。寻找合适的图片花费了很长时间,这也让我接触到一些有意思的老刊本和画卷。书中的图片虽是对文字的补充,却并非只是配角,完全可以独立来看。

虽说可将本丛书当作"字典""手册",但内容绝不像字典、手册那么简单。徐彻先生是著名的中国晚清史学者、中国现代史学者,这套丛书贯穿其严谨的学术风格,引用精当,资料翔实。令人惊喜的是,书中的文字干净、生动、典雅,给人带来读小说的愉悦。这套书或许不能算是开创性的著作,但对一百个佛仙鬼神的记录,不仅在古书的基础上作了大的补充,还写出了自己的味道,在当下极为稀有,可称为无二之作。

《佛界百佛》共9万字,分为7章。这7章是:佛陀部,列10位佛陀;菩萨部,列9位菩萨;观音部,列14位观音;诸天部,列20位天王;明王部,列8位明王;罗汉部,列21位罗汉;高僧部,列18位高僧。书中将印度的佛与中国的佛混编在一起,既能看到传承,也能读到演变。

《道界百仙》共12万字，分为10章。这10章是：创世神、天尊神、星宿神、游仙神、真人神、护法神、佑民神、居家神、山泽神、匠作神。此册有《列仙传》《三教源流搜神大全》的影子，里面的插图在本丛书中最为别致。

《冥界百鬼》共12万字，分为8章。这8章是：鬼王部、鬼帅部、鬼吏部、鬼煞部、鬼卒部、情鬼部、善鬼部、恶鬼部。书中记录的鬼，林林总总，不少的名字我连听也未曾听过，如：针口饿鬼、食气鬼、伺便鬼、痴鬼、报恩鬼、傻鬼、蛇鬼等等。平常人们谈鬼色变，忌讳谈鬼，这本书却可以让人了解冥界几乎所有的鬼。在本丛书中，这一册故事性最强，是我最喜爱的。在我看来，欲做人，先读鬼，这百鬼便是百人千面。

《民间百神》说的是中国俗神，共14万字，分为7章。这7章是：信仰神、欢乐神、情感神、吉祥神、护卫神、行业神、自然神。中国人对神的信仰，也是心灵的寄托和精神的安慰。遭遇不幸的时候，他们想到了神；寻求幸福的时候，他们也想到了神。于是，对神的信仰，就成了人生的一种态度，生活的一种方式，文化的一种形态。徐彻先生一直强调，他关注神仙文化，是想通过对神仙文化的研究，进一步了解中国传统文化。

说到底，佛仙鬼神是人类生活的这个世界的一部分，是人类精神的一部分。了解佛仙鬼神，自然是了解这个世界，是了解人类的精神。我们一直想看清这个世界真实的面貌，人类精神真实的面貌，这是我们对"真"执着的追求。而世界真实的面貌，人类精神真实的面貌，只能存在于世界完整的面貌，人类精神完整的面貌当中。因此，这套丛书就有特别的价值了。

现在编辑工作收尾了，上海入了秋，却比夏天还热。我心里还是惶恐，担心因为能力不够，编辑工作有这样或那样的问题。在这里，只有恳请徐彻先生和读者见谅了。

陈马东方月
2018年9月于上海

目录

第 一 章

鬼王部

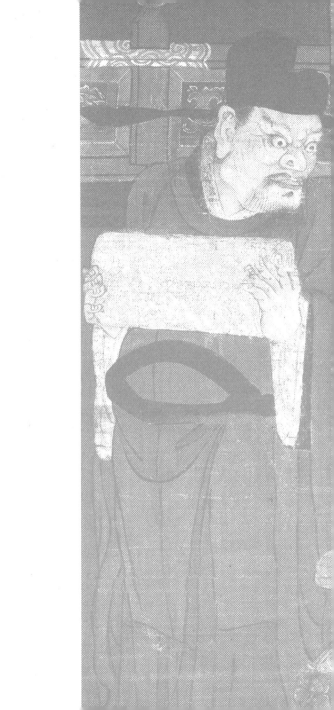

地藏王

地藏王，又称地藏菩萨，幽冥教主，音译"乞叉底蘖婆"。佛教菩萨名。《地藏十轮经》谓其"安忍不动犹如大地，静虑深密犹如地藏"，所以称他为地藏。

地藏王是冥界的最高主宰，统辖冥府的十殿阎王。他的坐骑是一个奇特的灵兽，叫谛。谛，据说是一种像虎豹的兽，很小却很凶。当时，在释迦牟尼佛既灭、弥勒佛未生之际，佛界天国出现了权力真空，最高主宰无人继承。释迦牟尼佛临终嘱咐，由地藏菩萨来代行管理天国。也就是说，地藏菩萨当上了天国的代理最高主宰。释迦牟尼佛又命他为幽冥教主，管理阴间。在释迦牟尼佛面前，他发下大誓愿，自誓一定尽度六道众生，尽令解脱，拯救诸苦，自愿成佛。由于他发下了这个大誓愿，而阴曹地府的冥鬼是永远不会断绝的，他也就永远不会离开冥界了。

中国佛教把他作为四大菩萨之一，相传其显灵说法的道场在安徽省九华山。九华山在安徽省长江南岸池州市，是中国佛教四大名山之一。九华山的规划面积为一百二十平方公里，保护面积一百七十四平方公里。九华山，原名九子山，因唐代大诗人李白见此山"高数千丈，上有九峰如莲花"，赋诗更名为九华山。据《宋高僧传》卷二十等载，地藏菩萨降诞为新罗国（今朝鲜半岛）王子，姓金名乔觉，出家后，于中国唐玄宗时期来华入九华山。他潜心修持七十五年，修建寺院，广招佛徒。九十九岁圆寂，肉身不坏，以全身入塔。这就是闻名于世的地藏肉身塔。现存的九华山之月（肉）身殿，相传即为地藏成道处。肉身殿是金乔觉的纪念塔殿，建在九华山神光岭上，始建于唐，清同治年间重修。塔在殿

清地藏王菩萨铜像

内，为七级木质结构。每层有佛龛八座，上供地藏金色坐像。肉身殿下有上禅寺，金色的十殿阎王立像双手捧圭，站在大殿两侧汉白玉的神台上。这表示，十殿阎王都向他行礼。塔北门廊下，书写着地藏的誓言：众生度尽，方证菩提；地狱不空，誓不成佛。殿宇宽敞，塑像精细，为九华山香火鼎盛之处。

佛门认证他是地藏菩萨的化身，九华山由此辟为地藏道场。

明清鼎盛时期，九华山寺院达三百六十余座，僧尼四五千人。现存古寺庙九十九座，佛像一万余尊，僧尼七百余人。

地藏王佛像座下有两位显眼的胁侍。一个年老，一个年少。他们二位是父子俩。年老的是父亲，名叫闵公，原是九华山的山主，慈眉善目，乐善好施。地藏王欲向闵公购买一块袈裟大的地盘。闵公以为地盘不大，就欣然允诺。不料，地藏王将袈裟一掷，竟遮盖了整座九华山。因此，九华山就成了地藏道场。

后来，闵公出家，当了地藏王的胁侍。闵公的儿子也出家当了胁侍，法号道明。

酆都大帝

02

酆都大帝，亦称丰都大帝、北阴大帝。酆都大帝是道教尊奉的阴间的最高神灵，地府冥界的最高神主。古代汉族神话传说中的地狱之神。九月九日生，其任期为三千年，现在尚未到期。

酆都大帝居住在酆都山，就在现中国西南部重庆市附近的丰都县。传说中这里是通往地狱的大门。酆都山又高又大，方圆三百里。人们认为酆都大帝生活在地底下，那里有一系列地狱，全部由神负责。还有的说法认为，酆都大帝管理着三十六个地狱。直到今天，丰都这个地方还被中国人称为"鬼城"。

酆都大帝，是地狱的主宰，位居冥司神灵之最高位，主管冥司，为天下鬼魂之宗。凡生生之类，死后均入地狱，其魂无不隶属于酆都大帝管辖，以生前所犯之罪孽，生杀鬼魂，处治鬼魂。旧时奉祀酆都大帝的庙内，多设有七十五司（一说七十二司），各司分别承担追逮鬼魂、搜捕鬼魂、关闭鬼魂之职能。阳司亲属如有为阴间鬼魂超度赎罪者，亦由酆都大帝决断赦免，发送鬼魂受炼升天。

酆都大帝的形成有一个历史发展过程。粗略考察，大体有四个阶段：

第一，战国初始阶段。酆都大帝信仰起源较早。据东汉张衡《论衡·订鬼篇》引《山海经》称："北方有鬼国……沧海之中，有度朔之山，上有大桃木，其屈蟠三千里，其枝间东北叫鬼门，万鬼所出入也。上有二神人，一叫神荼，一叫郁垒，主阅领万鬼。"据考证，《山海经》中的《山经》至迟成书于战国，《海经》成书于秦汉之际。这里明确地说"北方有鬼国"，一指有"鬼国"，一指在"北方"。这是两个关键词。由此我们知道了在战国时期，在"北方"即已出现了"鬼国"，而这个鬼国是在"沧海之中"的在一座"山"上。

第二，汉代泰山阶段。鬼国究竟是在什么山上呢？经过时间的推移，到了汉代，鬼国从海上转移到了陆地，并落实到了泰山上。《后汉书·乌桓传》记道："中国人死者魂归岱山（泰山）。"此时，泰山神主成为阴间的统治者，主掌生死大权。那时的鬼都居住在泰山的什么地方呢？答案是泰山之旁的蒿里山。蒿里山的"蒿"作何解？"蒿"即是坟地之野蒿，即野草。顾名思义，"蒿里山"即是鬼魂山。"蒿里"也被后人引申为墓地、阴间。汉代乐府《蒿里》唱道："蒿里谁家地？聚敛魂魄无贤愚。鬼伯一何相催促！人命不得少踟蹰。"这就是汉代流行的挽歌，是出殡时唱的。

第三，东晋罗酆阶段。罗酆是指罗酆山，传说中的山名。传为酆都大帝统领的鬼所。后附会为重庆市丰都县的平都山，指为冥府所在之地。

首先提出鬼都不在蒿里山而在罗酆山的是一个著名道士，他就是东晋的葛洪。葛洪《枕中书》言道："张衡、杨云为北方鬼帝，治罗酆山。"亦省作"罗酆"。唐李白《访道安陵遇盖寰》诗："下笑世上士，沉魂北罗酆。"王琦注："《真诰》：'罗酆山在北方癸地……山上有六洞，洞中有六宫，辄周围千里，是为六天鬼神之宫也。'"注云："此即应是北酆鬼王决断罪人住处。"葛洪在《元始上真众仙记》中又记载了"五方鬼帝"，文称：北方鬼帝为张衡、杨云，治罗酆山；东方鬼帝治桃止山；南方鬼帝治罗浮山；西方鬼帝治幡冢山；中央鬼帝治抱犊山。这里明确指出，北方鬼帝治所已经不在蒿里山，而在罗酆山了。

到南朝时，罗酆山的地位更加重要了。至此，围绕罗酆山形成了一个鬼国的系统。南朝齐梁著名道士陶弘景撰写了《真灵位业图》，将道界神仙赋予了座次。酆都大帝位于第七阶阴间神的中位："酆都北阴大帝炎帝大庭氏，讳庆甲。天下鬼神之宗，治罗酆山。三千年而一替。"

陶弘景《真诰》卷十五"阐幽微第一"载："罗酆山在北方癸地，山高二千六百里，周回三万里……其上其下并有鬼神宫室。山上有六宫……第一宫名为纣绝阴天宫，以次东行，第二宫名为泰煞谅事宗天宫，第三宫名为明晨耐犯武城天宫，第四宫名为恬昭罪气天宫，第五宫名为宗灵七非天宫，第六宫名为敢司连宛屡天宫。凡六天宫是为鬼神六天之治也。"注云："此六天宫是北酆鬼王决断罪人住处，其神即应是经（今）呼为阎罗王所住处也，其王即今北大帝也……凡生生之类，其死莫不隶之至于地狱。"又云："炎庆甲者，古之炎帝也，今为北太帝君，天下鬼神之主也。"《真诰》卷十三也说："鬼官之太帝者，北帝君也，治第一天宫中，总主诸六天宫。"是总生杀大权的鬼官。上述说明南北朝时道教已形成酆都大帝主管地狱的信仰，当时多称为北帝君，简称北帝。

第四，宋代四川阶段。魏晋南北朝时，佛教地狱说在社会上广泛流传，有所谓十八层地狱及十殿阎罗治鬼之说。道教汲取了这些思想，逐步形成了丰都鬼狱并塑造了酆都大帝的形象。道教的酆都大帝，原说住在北方的罗酆山，称为北帝；而后世却以酆都县（今重庆市丰都县）为鬼城，系酆都大帝的治所。这一转变大约发生于宋代。清俞樾《茶香室丛钞》卷十六引宋范成大《吴船录》说："忠州酆都县，去县三里有平都山。碑牒所传，西汉王方平、后汉阴长生皆在此得道仙去，有阴君丹炉……阴君以炼丹济人，其法犹传。"俞樾按："酆都县平都山，道书七十二福地之一，宜为神仙窟宅，而世乃传为鬼伯所居，殊不可解。读《吴传录》，乃知因阴君传讹，盖相沿既久，不知为阴长生，而以为幽冥之主者，此俗说所由来也。"同卷"罗酆山"条又云："按罗丰山为北方鬼帝所治，故有罗酆治鬼之说，而世俗乃指今四川酆都县。"《夷坚志》云："忠州酆都县有酆都观，其山曰盘龙山，即道家所称北极地狱之所。"盖南宋已有此说。清方象瑛《使蜀日记》说："酆都县城倚平都山，道书七十二福地之一，素以'鬼国都城'闻名。传说汉王方平、阴长生先后于平都山修道成仙，白日飞升，后人误读'王、阴'为'阴王'，讹传为'阴间之王'。酆都乃成阴曹地府。"

这里说得很清楚，丰都县之所以成为鬼国阴都，都是因为一个误传。传说在汉朝，有两位方士，一位叫王方平，官至朝中散大夫；一位叫阴长生，是刘肇皇后的曾祖父。他们因不满社会现状，先后弃官到此修道，最后终于得道成仙，"白日飞升"。到了唐朝，他们二人"王、阴"，被人讹传成了"阴王"，久而久之，以讹传讹，讹传为"阴间之王"。由此，丰都就成为阴曹地府了。

从此，鬼国阴都就转移到了重庆市丰都县的平都山。经过千年的营造，丰都倒真正成了一个人间"鬼国"，规模宏大，组织赅备，结构完整，包罗万象。

其庙宇景观即有五十余座，分别是：鬼门关、血污池、奈河桥、阴阳界、无常殿、钟馗殿、土地庙、东岳殿、城隍庙、东西地狱、十王殿、玉皇殿、天子殿等。

天子殿是鬼城最大的庙宇建筑群。它坐落在高山的顶峰，由山门、下殿、中殿、正殿四部分组成。当初是为了纪念阴长生、王方平二位道仙而修建的，创建于西晋（265—317）。隋唐时加以扩建，名仙都观，宋时改称景德观，明代称阎罗殿。宋明时开始供奉阴天子酆都大帝。清代又改称天子殿。迄今已有一千六百年的历史。大殿结构雄伟，工艺精湛；殿高9.5米，占地2 400平方米。

正殿中央高大的石座上原来供奉着一尊酆都大帝神像。像高六米，金身铁铸，明代制作。可惜这尊宝贵的神像在二十世纪五十年代大炼钢铁运动中被熔化了。现在的天子像为泥塑彩绘，像高二丈，头戴金冠，蟒袍玉带，龙眉凤目，庄重威严。

鬼魂进入地狱必须办理的证明和经过的关口，主要有：

路引

所谓的路引，就是地狱的通行证，长三尺、宽二尺，以粗纸印成。上面印有："酆都天子发给路引""普天之下必备此引，方能到酆都地府转世升天"。上方印有阎罗王的图像，下方盖有"酆都天子""酆都城隍"和"酆都县府"三个大印。

人死之后，要到阴间去报到的幽灵，就得手持这张阎罗王所发的通行护照，在经过看守鬼门关的小鬼检查过后，才得以进入鬼国。

从前，许多人为了替自己留一条后路，为自己的身后事打算，于是都到丰都来买路引，希望死后能够早日超生。因此，丰都的路引大大畅销，甚至连东南亚国家的人都千里迢迢来买路引。

奈河桥

关于此桥，存在两种流行的说法，一种叫作奈河桥，另一种叫作奈何桥。二者有一定的联系，但是又有区别。

"通仙桥"，是明朝的蜀献王所建。原意是说走过这座桥就可以得道成仙。可是，后来这座桥竟被改名为"奈河桥"。

"奈河"是地狱中的河名，在《宣室志》中有一段关于奈河的叙述："董观行十余里，至一水，广不数尺，流而西南。观问习，习曰：'此俗所谓奈河，其源出于地府。'观即视，其水皆血，而腥秽不可近。"

由此可知，奈河是一条来自地狱、充满腥味、流着血水的河流。

在奈河之上有一座桥，就是奈何（奈河）桥。这座桥又窄又险，凡是恶人的鬼魂经过这座桥，都会掉到奈河中，被河中恶鬼毒虫吃掉。

《西游记》中所说的"铜蛇铁狗任争食，永堕奈河无出路"，就是这种情形。可是，如果生前是善人，则可顺利通过这座桥，转世为人。

就这样，"通仙桥"这座"仙桥"便成了"鬼桥"——"奈河桥"。在丰都的奈河桥下开凿了一个池子，叫作"血河池"。有许多人为了死后能好过些，便到桥前焚纸钱、烧香、施舍财物。

鬼门关

据说人死了之后，在进鬼国之前，必须先经过一个阴森森、把守严密的关口，俗称鬼门关。

丰都的鬼门关相当吓人。从玉皇大殿往上走就会发现一座黑漆漆的山门，血锈一般的横匾上写着"鬼门关"三个阴森森的大字。这个地方有一大片的参天古木，树上栖息着一群群的乌鸦，当冷风阴飕飕地吹过，确实鬼气逼人。

五云洞

位于三仙楼的东边，深不见底。据说这里是成仙的阴长生炼丹之处，也有人说是阴曹地府的入口。

许多来此的香客，都会到五云洞的入口处焚烧纸钱，然后丢入洞中。因为洞很深，每当香客们将纸钱丢进洞中，一阵阵的风吹来，把纸钱吹得瑟瑟有声，一旁的山僧就说这是"群鬼抢钱"。

丰都这座鬼城的名堂还有很多，除了以上所说的，尚有望乡台、登天梯、孽障台等。

十王殿和十八层地狱

这里有十王殿和十八层地狱的塑像，亦很著名。

这十八层地狱由十五个孔窍洞所组成，其中三个孔窍洞分成两层，故共有十八层。里面有五岳大帝、十殿阎君和六曹判官等和人身一般高的塑像。

除了这些塑像之外，还刻有各种小鬼冥吏、刀山、碾磨、油锅、锯解等群像，共一百二十多个。这些塑像可说是目前中国寺庙中罕见的明代泥塑，是极为珍贵的古物。

我国传统信仰的地狱主宰有东岳大帝、地藏王和酆都大帝。他们的来源不同：东岳大帝来自于汉族民间信仰，地藏王源于佛教，酆都大帝则源于道教。

03

东岳大帝

东岳指的是山东省的泰山。东岳大帝就是泰山神。古代传说的五岳，即东岳泰山、西岳华山、北岳恒山、南岳衡山、中岳嵩山，说的是五大名山之神。传说当初盘古寿终之后，有子名叫赫天，不能即位治理天下。当时有三皇代出，赫天就入居东岳，世代相传，故此山叫岱宗泰山。岱宗成了泰山的别称。东岳实为五岳之首。

泰山称为东岳大帝，有个长期演变过程。据《三教源流搜神大全》称，盘古九世孙之子，初名金虹氏。金虹氏有功在长白山中，到伏羲氏神封为太岁，为太华真人，掌管天仙六籍。到了神农朝，赐天符都官为府君。到了汉明帝封泰山元帅，掌管人世居民贵贱高下之分，禄科长短之事，十八地狱六案簿籍，七十五司生死之期。唐武后垂拱二年（686），封为神岳天中王。唐武后通天元年（696），尊为天齐君。唐玄宗开元十三年（725），加封为天齐王。宋真宗大中祥符元年（1008），诏封为东岳天齐仁圣王。四年后，又尊封为东岳天齐仁圣帝，后来尊封为东岳大帝。

传说东岳大帝掌管人间生

死。《后汉书·乌桓传》记道："乌桓人死，则神灵归于赤山。中国人死，则魂归于岱山（即泰山）。"《云笈七籤·五岳真形图序》记道："东岳泰山君领群神五千九百人，主治死生，百鬼之主帅也。血食庙祀所宗者也。"

关于泰山神东岳大帝的来历，众说纷纭，概括起来，主要有以下七种说法：

一说盘古。《述异记》言："昔盘古氏之死也，头为四岳，目为日月……秦汉间俗说：盘古头为东岳，腹为中岳，左臂为南岳，右臂为北岳，足为西岳。"《五运历年记》也称："首生盘古，垂死化身……四肢五体为四极五岳。"这里是说，盘古径直化为五岳，其头部就是东岳泰山。

二说金虹氏。《神异经》称："昔盘古氏五世之苗裔曰赫天氏，赫天氏子曰胥勃氏，胥勃氏子曰玄英氏，玄英氏子曰金轮王。金轮王弟曰少海氏，少海氏妻曰弥轮仙女也。弥轮仙女夜梦吞二日，觉而有娠，生二子，长曰金蝉氏，次曰金虹氏。金虹氏者，即东岳帝也。"《东岳大帝本纪》《历代神仙通鉴》亦持此说。这是说，东岳大帝就是盘古的后裔金虹氏。

据东方朔撰《神异经》所言：盘古终世之时，其子名赫天氏。时有三皇代出，赫天乃人居一山，于此时代代相传，故其山后即名岱宗泰山。赫天有子前勃氏，骨勃子玄莫氏生二子，长子名金轮王，次子少海氏。少海氏妻轮仙女。弥轮仙女夜梦吞二日入腹，觉而有娠。生二子，长子金蝉氏，后称东华帝君；次子金虹氏，后称东岳帝君。这里仍然认为盘古的后裔金虹氏是"东岳帝君"。

三说太昊。道经《洞渊集》云："太昊为青帝，治东岱，主万物发生。"此"东岱"即为东岳岱山，即泰山。《枕中记》亦云："太昊氏为青帝，治岱宗山；颛顼氏为黑帝，治太恒

○一五

山；祝融氏为赤帝，治衡霍山；轩辕氏为黄帝，治嵩高山；金天氏为白帝，治华阴山。""太昊氏"治所在"岱宗山"，即泰山。

四说天帝之孙。《孝经援神契》谓："泰山，一曰天孙，言天帝之孙也。"《三教源流搜神大全》也说，泰山"乃群山之祖，五岳之宗，天帝之孙，神灵之府也"。这是说，泰山就是天帝的孙子。

五说黄飞虎。《封神演义》中东岳大帝及其子炳灵公，为泰山之神，神位来源很早。即炳灵公封号，亦在宋代。但本书行世后，一般信奉的人，却认为东岳大帝是黄飞虎，炳灵公是黄天化。

《封神演义》中商朝末年，纣王受妲己蛊惑，荒淫残暴。为了满足自己的淫欲，纣王连黄飞虎的妻子也不放过。黄飞虎之妻为保贞节自杀身亡。黄飞虎的妹妹是纣王的妃子，在痛斥纣王之后被摔下摘星楼而亡。黄飞虎身负家仇，和老父、二弟、三子、四友带一千家将反出五关，投奔周武王。后被封为开国武成王，一起讨伐昏庸暴虐的纣王。在兴周灭商的战争中，黄飞虎战死于渑池（今河南省渑池县）。周武王评价黄飞虎："威行天下，义重四方，施恩积德，人人敬仰，真忠良君子。"姜子牙特封黄飞虎为五岳之首、东岳泰山天齐仁圣大帝，总管人间吉凶祸福。

六说山图公子。唐代道士司马承祯撰《天地宫府图》列十大洞天、三十六小洞天、七十二福地。其三十六小洞天，第二东岳泰山洞，周围一千里，名"蓬玄洞天"，由山图公子治理。

七说上清真人。《文献通考郊社》中说："五岳皆有洞府，上清真人降任其职。"这是说，上清真人就是五岳的化身。

这七种说法，都在昭示东岳泰山来历不凡，或是盘古的化身，或是盘古子孙的化身，或是太昊的化身，或是真神的任命，或是高道的化身。

那么，东岳大帝有什么作用呢？

东岳大帝的职能是管理鬼魂。在我们中国人的思想意识中，一直都认为泰山是管辖鬼魂的地方。《三国志·管辂传》："但恐至泰山治鬼，不得治生人。"《后汉书·乌桓传》说："其俗谓人死，则神游赤山，如中国人死者魂归岱山。"《三教源流搜神大全》则说："汉明帝时，封泰山神为泰山元帅，掌人间居民贵贱高下之分，禄科长短之事，十八地狱六案簿籍，七十五司生死之期。"所以《岱史》引道经言："五岳之神分掌世界人物，各有攸属。岱（泰山）乃天帝之孙，群灵之府，主世界人民官职、生死、贵贱等事。"

泰山治鬼魂之说，汉魏间已经盛行。但《日知录》说："考泰山之故，仙论起于周末，鬼论起于汉末。"这是说，泰山之神，在周代末期就成为神仙了，而在汉代末期则成为鬼魂

的主管。即是说，汉魏年间东岳大帝已经具有管理鬼魂的职能了。

泰山神源于原始社会人们对自然神的崇拜。道教产生后，纳入道教神祇系列。晋张华《博物志》："泰山一曰天孙，言为天帝之孙也。主召人魂，东方万物之始，故知人生命之长短。"道教认为，泰山神"主管人间贵贱尊卑之数，生死修短之权"，"东岳泰山君领群神五千九百人，主生主死，百鬼之主帅也"。

由此，历代帝王都要到泰山封禅。所谓封禅，就是帝王亲自到泰山祭祀天地。据《茶香室丛钞》引《史记正义》云："泰山上筑上为坛以祭天，报天之功，故曰封；泰山下小山上除地，报地之功，故曰禅。神道属天，王者即封泰山以报天，则泰山有神道矣。鬼道属地，王者既禅泰山下小山，如云云、亭亭、梁父、蒿里诸山以报地，则云云、亭亭、梁父、蒿里诸山有鬼道矣。"这是说，

帝王来到泰山，既祭祀天，也祭祀地。祭祀天，是报天之功，即曰封；祭祀地，是报地之功，即曰禅。"封"是祭祀天神，"禅"是祭祀鬼魂，各有任务。

秦始皇嬴政，统一六国前二年（公元前219），就率群臣东封泰山，在岱顶刻石颂德而归。始皇逝世次年（公元前209），其少子胡亥即效法乃父再登泰山，并在始皇帝刻石之碑阴，又刻其诏书，极力颂扬始皇创世立业之功德。这种隆重的封禅仪式的目的，就是告成于天，借泰山向天下夸耀自己的事业中文治武功的功业。

但有唐以来的封禅泰山，给泰山加以至尊至贵的尊号，则有借泰山之威势而求庇佑之念意。

在山东泰山脚下泰安市，有专门祭祀东岳大帝的场所"岱庙"。每年夏历三月二十八日为祭祀日。

北京东岳庙位于北京市朝阳门外大街路北，占地面积六万平方米，是北京市重点文物保护单位。它是道教创始人张道陵的后裔张留孙筹资修建的。十三世纪末期，张留孙被元朝皇帝封为玄教大宗师、正一教主。后来他决定修建东岳庙，但工程刚开始他就去世了，于是工程就由他的弟子吴全节完成。从1319年开始修建，到1323年竣工，由皇帝赐名东岳仁圣宫，作为东岳大帝的行宫。

东岳庙由正院、东院和西院三部分组成，清朝（1644—1911）时，东岳庙第十七代道士马官麟又扩建了东、西两院。现存的建筑，基本上都是清朝的遗物。正院建筑主要有山门、朗门、岱宗宝殿、育德殿、玉皇殿。向北左有广嗣殿、太子殿，右有阜财殿、太子殿。岱宗宝殿两边还有三茅真君祠堂、吴全节祠堂、张留孙祠堂、山府君祠堂、蒿里丈人祠堂等。再向后有娘娘殿、斗母殿、大仙爷殿、关帝殿、灶君殿、文昌帝君殿、喜神殿、灵官殿、真武殿等。东岳庙是中国道教两大派系之一的正一派在华北地区第一大道观，有殿宇六百余间。东岳庙主要供奉的是泰山之神东岳大帝。1995年，东岳庙被辟为北京民俗博物馆，这里每年举行春节庙会，有丰富的民俗表演。

阎王

04

阎王，也叫阎罗王、阎王爷，是管理地狱的主神。

中国古代原本没有关于阎王的观念，佛教从古代印度传入中国后，阎王作为地狱主神的信仰才开始在中国流行开来。中文"阎王"是从梵语中音译过来的词汇，阎魔罗阇的简称，本意是"捆绑"，具体意思是捆绑有罪的人，也译作"阎罗（王）""阎魔（王）""琰魔"，等。

在古代印度神话中，阎王是管理阴间的神。印度现存最古老的诗集《梨俱吠陀》中已经有关于阎王的传说。而阎王观念的形成可能要更早，来源也不止一个，实际上阎王在古印度有很多版本、不同的传说。

佛教创立后，沿用了阎王的观念，认为阎王是管理地狱的神。关于阎王的信仰传入中国后，与中国本土宗教道教的信仰系统相互影响，演变出具有汉化色彩的阎王观念：十殿阎罗。也叫阎罗王、阎王、阎王爷。

阎王的故事在民间流传很多。据清代蒲松龄《聊斋志异》"阎王"记载，山东临朐（qú）县人李久常，有一次带着酒盅在野外饮酒。忽然看见一股旋风蓬蓬而来，便恭敬地把酒洒在地上，表示祭奠。就是这个举动，引发了下面的故事。原来这股旋风正是阎王打此路过。

后来，李久常去别处办事，路遇一个黑衣人。黑衣人将他引进一座大院子。走进一道门，看见一个女子手和脚被钉在门上。近前一看，原来是他的嫂子。他大吃一惊。他的嫂子，

17世纪中叶至18世纪的西藏阎罗王画像，收藏于美国纽约大都会艺术博物

手臂生恶疮，一年多不能起身。他暗想，嫂子怎么到这里了呢。

来到殿下，见上面坐着一人，穿戴像个王爷，气势威猛。李久常跪在地上，王爷命人把他扶起，安慰地说道："不要害怕。我因为从前叨扰过你一杯酒，想见一面表示谢意，没有别的意思。"李久常还是不明白是怎么回事。王爷又说："你不记得在田野用酒祭地的事情了吗？"李久常这才恍然大悟，知道面前的王爷是位尊神。李久常这才想起为嫂子求情，祈求大王可怜宽恕。于是王爷道出实情。原来三年前，李久常之兄的妾生孩子时，子宫坠下来，嫂子暗中用针刺在上面，致其至今肚子里常常作痛。王爷说，我因为你的缘故，饶恕了她。李久常告别出来，眼前的一切都化为乌有。

此时，李久常方知面前的王爷就是阴间的阎王。

李久常回到家，看见嫂子仍然卧病在床，伤口的血染红了席子。嫂子不满意妾，正在骂骂咧咧。李久常马上劝告说："嫂子不要这样了！今天你受的苦，都是平时嫉妒带来的。"嫂子不服，又愤怒地斥责小叔子李久常。李久常无法，只得小声地对嫂子说道："用针刺在别人肠子上，该当何罪？"嫂子听罢，立刻变了脸色，追问这话是打哪儿来的。李久常把遇见阎王的事告诉她，嫂子吓坏了，战栗不止，哭着哀告："我不敢了！"可真灵验，嫂子眼泪还没有干，疼痛的地方立刻不疼了，十来天病就痊愈了。从此，嫂子改变了以前的行为，成为善良的女人。

这是一个阎王教人改恶从善的故事。

四大阎王

05

中国民间传说中的四大阎王是：包拯、韩擒虎、寇准和范仲淹。

一是宋代名臣包拯。

包拯（999—1062），北宋大臣，曾任龙图阁直学士、开封知府。在中国民间的传说中，龙图阁直学士包拯是公正的化身。有的认为他死后成为阎罗王，继续审理阴间的案件。有的则认为他"日断人间，夜判阴间"，就是说白天在人间审案，晚上则成为阎罗王，在阴间断案。人死后，灵魂到阴间接受包拯的审判，如果确实是受人陷害，包拯会把他放回阳间活命；如果的确有罪，则被送入地狱受罚。

包拯死后出任阎王，在当时就有传说，"俗传包拯为阴司阎罗王，其说在宋时已盛。《宋史·包拯传》云：童稚妇女，亦知其名，呼曰包侍制。京师为之语曰：关节不到，有阎罗包老。"由此，元明杂剧、平话多有包拯下阴司审案故事。《三侠五义》还出现包拯扮阎罗审郭槐"狸猫换太子"一事。包拯的刚正直言、执法严峻，自然是人们理想意境的阎罗王最佳人选。东方传说文化是讲现世报的。阳世之冤，阴司必报，所以必须要有包拯做阎罗王，才能了结冤报。

清代著名诗人、诗论家袁枚所著《子不语》，曾记载阎罗王包公听取阳间知县建言，废除阴司官员受礼纳贿潜规则，为阳间百姓兴利除弊情事。

《子不语》记道：

四川酆都县，俗传人鬼交界处。县中有井，每岁焚纸钱帛镪（镪，qiáng；银子或银锭）投之，约费三千金，名纳阴司钱粮。人或吝惜，必生瘟疫。

国初知县列纲到任，闻而禁之，众论哗然。（县）令持之颇坚，众曰："公能与鬼神言明乃可。"令曰："鬼神何在？"

曰："井底即鬼神所居。"无人敢往，令毅然曰："为民请命，死何惜？吾当自行。"令左右取长绳缚而坠焉。众持留之，令不可。

其幕客李诜，豪士也。谓令曰："吾欲知鬼神之情况，请与子俱。"令沮（阻止）之，客不可，亦缚而坠焉。

入井五丈许，地黑复明，灿然有天光，所见城郭官室，悉如阳世。其人民藐小，映日无影，蹈空而行，自言在此者不知有地也。见县令，皆罗拜曰："公阳官，来何为？"令曰："吾为阳间百姓请免阴司钱粮。"众鬼啧啧称贤，手加额曰："此事须与包阎罗（包拯）商之。"令曰："包公何在？"曰："在殿上。"

引至一处，宫室巍峨。上有冕旒而坐者，年七十余，容貌方严。群鬼传呼曰："某县令至。"公下阶迎，揖以上坐，曰："阴阳道隔，公来何为？"令起立，拱手曰："酆都水旱频年，民力竭矣。朝廷国课尚苦不输，岂能为阴司纳帛锱，再作租户哉？知县冒死而来，为民请命。"包公笑曰："世有妖僧恶道，借鬼神为口实，诱人修斋打醮，倾家者不下千万。鬼神幽阴道隔，不能家喻户晓，破其诬罔。明公为民除弊，虽不来此，谁敢相违？今更宠临，具征任勇。"

这是说，在四川酆都县（今重庆市丰都县）出现了一件怪事。县中有一口井，每年都必须向井里投放纸钱银子，大体约费三千两银子，说是给阴间衙门上缴的税款，如果不缴，县里必然发生瘟疫。

清代初年，知县列纲到任。他不信邪，下令禁止再往井里投放纸钱银两。但是，此令遭到当地老百姓的反对，大家认为不能得罪井底的鬼神。列纲决定亲自下井到阴间走一趟，反映情况，为民请命。有一个幕僚李诜也决定同知县一同前往阴间。他们二人到了阴间，受到礼遇，并拜见了阎罗王包拯。此举得到阎王包公的支持和赞誉，高度评价知县列纲等二人的行为是"仁勇"之举，揭露了"妖僧恶道"借口鬼神欺骗老百姓的恶行，并取消了老百姓向阴间缴纳钱粮的错误做法。这里，阎罗王包公是一个正面形象。他替老百姓着想，替老百姓说话。

二是隋代名将韩擒虎。

韩擒虎（538—592），原名擒豹，字子通，河南东垣（今河南新安县）人，韩雄子。容仪魁伟，有胆略，好读书。韩擒虎本名擒豹，据说他在十三岁时生擒过一头猛虎，于是改名为擒虎。

四大阎王之韩擒虎像

北周时，任都督、刺史等职，袭爵为新义郡公。隋开皇元年（581），任庐州总管，镇江北要地庐江（今安徽合肥），作灭陈准备。开皇八年冬至九年春，隋大举攻陈时，领军为先锋，从右翼进攻陈都建康（今江苏南京）。率五百锐卒夜渡长江，迅速袭占采石（今安徽马鞍山市西南），半日内攻克姑孰（今安徽当涂），然后进军新林（今南京西南）。陈军畏惧，镇东大将军任忠等相继投降。韩擒虎率五百精骑，由任忠直引入朱雀门，占领建康城，俘后主陈叔宝。因功进位上柱国大将军。在隋王朝统一中国的灭南陈战争中，韩擒虎首先渡江进入建康（南京），由此立下了大功。

《隋书》曾记载韩擒虎临终前被召入阴间担任阎罗王的故事。李世民（唐太宗）主持的《隋书》记述他病重临死前夕，"其邻母见擒（擒虎，唐人讳虎字，故省略'虎'字）门下仪卫甚盛，有同王者，母异而问之，其中人曰：'我来迎王。'忽然不见，又有人疾笃，忽惊走至擒家曰：'我欲谒王。'左右问曰：'何王也'？答曰：'阎罗王。'擒子弟欲挞之，擒止之曰：'生为上柱国，死做阎罗王，斯亦足矣。'因寝疾，数日竟卒。"

《二十四史》多讳鬼神，很少记有阴阳界故事，而韩擒虎死做阎罗王的传说，竟被记进本传，可见在初唐时，这条传说是颇见风行的。所以在晚唐敦煌变文《韩擒虎话本》，更是惟妙惟肖地描述了韩擒虎在灭陈后，五道将军持天符请他出任阴司之主。韩应允，请假三天。隋文帝杨坚为其举行了告别宴会。第三日，有一紫衣人、一绯衣人乘乌云前来迎接，自称"原是天曹地府，来取大王上任"。于是，他辞别朝廷君臣和家小，赴阴间当阎罗王去了。显然，这是《隋书》记载故事的变体。

韩擒虎去世后葬于河南新安县西五公里今天的庙头村，

墓前修有韩王庙。庙现已不复存在，但庙头小学门前的两个造型奇特的石狮为原韩王庙门前之物。

三是北宋名相寇准。

寇准（961—1023），字平仲，华州下邽（今陕西渭南）人。北宋政治家、诗人。太平兴国（980）五年进士。历同知枢密院事、参知政事（副宰相），后两度入相，一任枢密使，出为使相。乾兴元年（1022）数被贬谪，终雷州司户参军，天圣元年（1023）九月，病逝于雷州。

太平兴国五年（980），十九岁的寇准考中进士。宋太宗选取进士，往往到殿前的平台亲自看望提问，年纪轻的人往往不予录用。有人教寇准增报年龄，寇准说："我刚刚准备要踏上仕途，怎么可以欺骗陛下呢？"后来考取了，被授官大理评事，派往归州巴东任知县（县长），任满改任成安知县。以后他又先后升任盐铁判官、尚书虞部郎中（局长）、枢密直学士（局级研究员）等官。

宋太宗端拱二年（989），寇准曾奏事殿中，大胆进谏。由于忠言逆耳，宋太宗听不进去，生气地离开了龙座，要回内宫。寇准却扯住宋太宗的衣角，劝他重新落座，听他把话讲完。事后，宋太宗十分赞赏寇准，高兴地说："我得到寇准，像唐太宗得到魏征一样。"

宋真宗景德元年（1004），寇准已经担任相国，任集贤殿大学士。

九月，辽圣宗耶律隆绪和他的母亲萧太后，率二十万大军，从幽州出发，浩浩荡荡，向南推进。此时，北宋统治集团的上层人物大多惊惶恐惧。他们主张用躲避辽国的办法，应付辽国的入侵。宋真宗本来就无心抗敌，更表现得惶恐不安。只有寇准与毕士安坚决主张抵抗。寇准的意见终于阻止了妥协派逃跑避敌的主张。

在寇准的坚持下，宋军在战场上取得胜利。辽军提出停战议和。寇准始终反对议和，主张乘势出兵，收复失地。但由于宋真宗倾心于议和，致使妥协派气焰嚣张。他们攻击寇准拥兵自重，甚至说他图谋不轨。寇准在这班人的毁谤下，被迫放弃了主战的主张。于是，在妥协派的策划下，于同年十二月，宋辽双方订立了和约。这就是历史上著名的"澶渊之盟"。后来寇准因刚直不阿，两次遭贬，罢免丞相。最后被贬为雷州知州。

寇准以秉性刚直见闻于民间。据说，寇准的来世，他的爱妾茜桃知之甚详。茜桃曾对寇准说道："吾向不言，恐泄阴理；今欲去，言亦无害。公当为世主者阎浮提王(阎罗王)也。"(《涌幢小品》)"寇准卒，有王克勤者，见公于曹州境上，向从者曰：'阎罗处政。'"(《翰苑名谈》)

可见他生前已知自己要出任阎罗王，而死后果然当了阎罗王。大概在他生前已经流传此说，所以当时就有人在驿舍侧挂起寇准图像，上面写有"今

做阎罗王"字样。(《通俗编》)

四是北宋名臣范仲淹。

范仲淹（989—1052），字希文，吴县（今江苏省苏州市）人。北宋著名政治家和文学家。少刻苦读书，大中祥符八年（1015）中进士。累迁吏部员外郎(处长)。庆历三年（1043）担任枢密副使，参知政事（副宰相），实行庆历新政。卒后，赠兵部尚书（国防部长），楚国公，谥号文正。朱熹评价他是"天地间气第一流人物"。其文、赋、诗、词均有建树。范仲淹所作《岳阳楼记》乃千古名篇，其名句"先天下之忧而忧，后天下之乐而乐"震烁千古。有《范文正公文集》等。

范仲淹也以清廉、正直著称，生前就以官声好誉为民间称道。因而在他去世后，就有传说他在冥间"见司生杀之权""人死五七则见阎罗，岂非文正（范仲淹）为此官耶"。宋人龚明之在《中吴纪闻》中，记载了"范文正公（范仲淹）亦为阎罗王"的传说。

十殿阎王

十殿阎王略称十王，中国佛教所传十个分管地狱的阎王的总称。阎王叫阎罗，最初是印度神话中掌管阴间之王，佛教沿用其说。十殿阎王不是舶来品，最初佛经中没有这一提法。这是具有中国特色的阎王体系的一部分。中国特色的阴间是个等级森严的官僚体系。最高统治者是地藏王，以下是东岳大帝、十殿阎王、五道将军、判官鬼吏、黑白无常、牛头马面。

据佛学著作《禁度三昧经》说，阎王治下只设五官。鲜官禁杀，水官禁盗，铁官禁淫，土官禁舌，天官禁酒。就是说，原来的佛教没有十殿阎王，只设五官。

据说，中国佛教最早的说法是有十五个阎王。中国佛教史传著作《佛教统记》记载：

第二七日初江王

第三七日宋帝王

第四七日五官王

第五七日阎罗王

南无通明和尚

南无金毛师子

王玑躬

10世纪敦煌《地藏十王图》，
收藏于巴黎集美博物馆

"世传唐道明和尚神游地府，见十五分治之人，因传名世间。"这里的"十五分治之人"，就是十五个分管地狱的阎王。后来逐渐汉化，最终演变成了十殿阎王。十殿阎王的称谓，最早出现在《预修十五生七经》。

十殿阎王都有各自的职权范围，有明确的分工。他们对鬼，都有自己的处理方式。在《玉历宝钞》《阎王经》中，都有详细记载。

第一殿，秦广王蒋。司人间天寿生死，统管幽冥吉凶。

第二殿，楚江王历。司管伤人肢体、奸盗杀生。

第三殿，宋帝王余。司管忤逆尊长、教唆兴讼。

第四殿，五官王吕。司管抗粮赖租、交易欺诈。

第五殿，阎罗王天子包。司管因冤屈死、还阳申雪。

第六殿，卞城王毕。司管怨天尤地、枉死涕泣。

第七殿，泰山王董。司管取人骸骨、离人至戚。

第八殿，都市王黄。司管在世不孝、违逆父母者。

第九殿，平等王陆。司管杀人放火、斩绞正法者。

第十殿，转轮王薛。司管各殿解到鬼魂，分别善恶，核定等级，登记造册。根据各鬼的表现，以便发四大部洲投生。

十殿阎王有一个头，就是第五殿阎罗王。十殿阎王的设置，很显然是人世间等级体系的翻版，是人间官僚制度在阴间的延伸。十殿阎王都各自拥有一个汉姓，说明他们完全汉化了。

当然，这样造神造鬼，都是为了在心理上解决现实问题。

十殿阎王在民间影响很大。民间流传一句话："阎王叫你三更死，谁敢留你到五更！"说明阎王在民间的分量。十殿阎王大约在唐末五代，开始在社会上流行。由于十殿阎王对人们具有某种威慑力，因此连道教也接受了这个阎王体系，以丰富道教理论。

阴界的最高主宰是地藏王，十殿阎王听从地藏王的调遣。佛寺中，地藏王矜持地端坐在正面中央，十殿阎王恭敬地分立前面两侧。十殿阎王的造像，各具特色。著名的大足石刻，即大足石窟石篆山第九龛的北宋十殿阎王塑像，造型精美，韵味十足。

把阴界的地狱有形化，搬到阳界，这是一些人的想法。重庆市丰都县东北的名山，称平都山，就有人造的鬼城。丰都成为"鬼城"，与道教密切相关。风景优美的平都山，被道家列为七十二福地之第四十五福地。据《丰都县志》和晋人葛洪《神仙传》的记载，民间传说西汉的王方平和东汉的阴长生，都曾隐居平都山炼丹修道，成了仙人。相传平都山最高顶是王、阴二人飞升之处，于是在山上建了"仙都观"等庙宇。道家遂于此山特设天师，并将其列为三十六洞天、七十二福地之一。后人附会，"王、阴"便成为"阴王"。以讹传讹，从而被误解为"阴间之王"。丰都也就成为阴王居住的"阴

曹地府"，就成为鬼都了。唐朝大诗人李白的著名诗句"下笑世上士，沉魂北丰都"，也使丰都鬼城声名远扬。后经《西游记》《钟馗传》等神魔小说的艺术渲染，丰都就显得更加神秘莫测了。

东汉末，五斗米道在四川十分盛行，丰都属巴郡，为早期道教的传习中心之一。五斗米道吸收了不少巫术，被称为"鬼道"。道中的巫师叫"鬼吏"。早期道教信仰是神仙人鬼混杂，这些也促成了鬼城的形成。于是，一大批阴间鬼神涌入了此城。

鬼城模仿人间的司法体系，营造了一个阴曹地府。这个阴曹地府，有着融逮捕、羁押、审判、判决、教化等功能为一体的完整的系统。鬼城拥有众多鬼神的历代造像，这是中国古代雕塑家的精心之作。造像惟妙惟肖，栩栩如生。

每年农历三月初三是鬼城庙会。此时，游人如织，车船爆满。各色各样的鬼神表演，

吸引着八方游客，有阴天子娶亲、城隍出巡、钟馗嫁妹、鬼国乐舞等。

一殿阎王秦广王

秦广王，十殿阎罗之一。阎罗王被认为是地狱的主宰，掌管地狱轮回。大约在南北朝期间由印度传入中国。由于阎王的信仰与中国本土宗教道教的信仰系统相互影响，演变出具有汉化色彩的十殿阎王。

中国佛教中，有十殿阎罗之说。此说源于唐代，相传天帝册封阎罗王，由阎罗王统率地狱和五岳卫兵。地狱更分为十殿，十殿各有其主和名号，称地府十王，统称十殿阎王。十殿阎王各有其主、诞辰和专职。

第一殿秦广王蒋，即广明王蒋子文，二月初一日诞辰（一说为二月初二日）。专司人间寿夭生死册籍，统管吉凶。鬼判殿居大海沃焦石外，正西黄泉黑路。凡善人寿终之日，是有接引往生。凡勾到功过两平之男妇，送交第十殿发放，仍投人世。或男转为女，或女转为男，依业缘分别受报。凡作恶者，使入殿右高台，名为孽镜台。台高一丈，镜大十围，向东悬挂，上横七字，曰："孽镜台前无好人。"这里押赴多恶之魂。可见在世之心之恶，死后有赴地狱之险。那时方知万两黄金带不来，一生唯有孽随身。入台照过之后，批解第二殿，用刑发狱受苦。

人死之后，进入阎王殿，第一殿秦广王。每殿七天，前七殿四十九天，称为慎终期；后三殿是百日、周年、三年，称为追远期。本殿由秦广王掌管，审查来人一生功过。其基本情况已由各地城隍、土地、查察司汇报本殿，最后由秦广王亲审宣判，功过相当者，免受其刑，直转第十殿转轮王处，或者按照其生前所造善恶发放投胎，或男或女、或贫或富等。罪孽深重者，发配各殿大小地狱承受应得的酷刑。

08

二殿阎王楚江王

楚江王主掌大海之底，正南方沃焦石下的活大地狱。此地狱纵广五百由旬，即八千里。另设以下十六小地狱。

一、黑云沙小地狱；

二、粪尿泥小地狱；

三、五叉小地狱；

四、饥饿小地狱；

五、焦渴小地狱；

六、浓血小地狱；

七、铜斧小地狱；

八、多铜斧小地狱；

九、铁铠小地狱；

十、幽量小地狱；

十一、鸡小地狱；

十二、灰河小地狱；

十三、斫截小地狱；

十四、剑叶小地狱；

十五、狐狼小地狱；

十六、寒冰小地狱。

如在阳世曾犯以下罪恶：拐骗少年男女；欺占他人财物；损坏人的耳目手脚；介绍疗效不明的医生、药物来谋取不道德的利益；役使的婢女已经壮年，却不让家人赎回，恢复自由之身；在议结婚姻之时，为了贪图对方的财富、地位，故意隐瞒自己的年龄，以诈骗婚姻；等等。此等鬼犯根据以上罪恶的大小，给以不同的处罚。有的投入小地狱，有的投入大地狱。

十六小地狱形式各有不同，以剑叶小地狱为例：其方圆数千里，遍地长满钢锐剑叶，起伏伸缩一望无际。这里有无数青皮厉鬼，押解鬼犯来至剑田。或高举倒插，或直插，或仰或伏，无不贯透穿心，其状恐怖凄惨，哀号而死。

此狱鬼犯，生前多是逆天悖道之徒，为人君不仁，为父不慈，为子不孝，为师无道，为徒无义等。

三殿阎王宋帝王

09

宋帝王余，宋帝明王。农历二月初八日诞辰，专司东南方沃焦石下的黑绳大地狱。另设以下十六小地狱。

一、咸卤小地狱；

二、麻环枷纽小地狱；

三、穿肋小地狱；

四、铜铁刮脸小地狱；

五、刮脂小地狱；

六、钳挤心脏小地狱；

七、挖眼小地狱；

八、铲皮小地狱；

九、刖足小地狱；

十、拔手脚甲小地狱；

十一、吸血小地狱；

十二、倒吊小地狱；

十三、分髃小地狱；

十四、蛆蛀小地狱；

十五、击膝小地狱；

十六、割心小地狱。

简称：捣舂地狱，抠眼地狱，倒烤地狱，刖足地狱，吸血地狱，蛆蛀地狱，穿肋地狱，抽筋地狱。

对散播邪知邪见者、狂妄不经胆大妄为者、忘恩负义污蔑于人者、嗜杀成性残酷狠毒者、为恶人狡辩脱逃罪恶者，等等，必须严惩。

如捣舂地狱：身堕此地狱之鬼犯，生前皆容光焕发、地位显要者。身居高位，却结党营私，玩弄权势，搜刮民膏，坐收渔利。作恶多端之高官显要，必然堕入此狱。此狱亦谓不死地狱，即不一次捣死，永远捣下去。厉鬼将罪犯拖入臼中，石杵捣其肠肚，顿时皮开肉绽，再捣则成酱泥。罪犯肠肚虽成酱泥，依然未死，厉鬼将其拖出，换另一罪犯捣舂。待此鬼犯血肉模糊时，前一罪鬼犯已渐复原，再送进捣舂。如此轮流不歇，折磨或经百千万年，待罪消尽，再押往其他地狱继续受刑。由此可见，贪官污吏的贪腐成本是非常之高的。贪官污吏就是这样的下场。

四殿阎王五官王

10

第四殿：五官王吕，官明王。农历二月十八日诞辰，专司合大地狱，即血池地狱。司掌大海之底，正东沃焦石下合大地狱。此地狱亦广五百由旬，并另有十六小地狱。

一、池小地狱；
二、鹜练竹签小地狱；
三、沸汤浇手小地狱；
四、掌畔流液小地狱；
五、断筋剔骨小地狱；
六、虞肩刷皮小地狱；
七、锁肤小地狱；

八、蹲峰小地狱；
九、铁衣小地狱；
十、木石土瓦压小地狱；
十一、戮眼小地狱；
十二、飞灰塞口小地狱；
十三、灌药小地狱；
十四、油豆滑跌小地狱；
十五、刺嘴小地狱；
十六、碎石埋身小地狱。

简称：腰斩地狱，拔舌地狱，吊舌地狱，沸汤地狱，剥皮地狱，剑树地狱，车崩地狱，射眼地狱。

世人如犯以下事件，配受各处罚：

一、漏税不缴；
二、耍赖不给租金；
三、卖东西耍秤杆；
四、售卖假药；
五、泡过水的米，仍当好米卖人；
六、使用假钞；
七、遇到残疾人，不行帮助；
八、欺行霸市，欺老压幼；
九、乱造谣言，蛊惑百姓；
十、贪图意外之财；等等。

11

五殿阎王阎魔王

如拔舌地狱：堕此鬼犯，由厉鬼一手压其额脸，一手拿着烙红铁钩，勾住其舌头使劲往外拉，或以烙铁在其喉咙中滚动，挖掉舌根，令其求死不得，求生不能，受罪终生。此类鬼犯，生前挑拨是非，两舌谗人，巧言令色，花言巧语，尖酸刻薄，诋毁谩骂，恶语相向，粗俗不堪等。

第五殿：阎罗王包，阎罗天子包拯。农历正月初八日诞辰，专司叫唤大地狱。

五殿阎罗天子曰："吾本前居第一殿，因怜屈死，屡放还阳伸雪。降调司掌大海之底东北沃焦石下叫唤大地狱，并十六诛心小地狱。"这是说，阎罗天子说："我本来是居于第一殿，因为可怜同情冤屈而死的人，屡次放还阳间伸冤，洗雪清白，所以降调司掌大海之底，东北方沃焦石下的叫唤大地狱，并管理十六个诛心小地狱。"

据《玉历宝钞》原文记载：

凡一切鬼犯，发至本殿者，已经诸狱受罪多年，即有在前四殿，查核无甚大过。每各按期七日，解到本殿；亦查毫不作恶，尸至五七日，未有不腐者也。鬼犯皆说：在世尚有未了善愿，或称修盖寺院桥梁街路，开河淘井；或集劝善书章未成；或放生之数未满；或父母尊亲生养死葬之事未备；或受恩而未报答。种种等说，哀求准放还阳。无不誓愿，必做好人。

吾闻之曰：汝等昔时作恶昭彰，神鬼知你。今船到江心，补漏迟。可见阴司无怨鬼，阳间少怨人。真修德行之人，世间难得。今来本殿鬼犯，照过孽镜，悉系恶类，毋许多言。牛头马面，押赴高台一望可也。

所设之台，名曰望乡台。面如弓背，朝东西南三向。湾直八十一里，后如弓弦。坐北剑树为城。台高四十九丈。刀山为坡，砌就六十三级。善良之人，此台不登；功过两平，已发往生；只有恶鬼，望乡甚近。

男妇均各能见能闻，观听老少语言动静。遗嘱不遵，教令不行。凡事变换，逐件改过。苦挣财物，搬运无存。男思再娶，妇想重婚。田产抽匮，分派难匀。向来账目，清揭复浊。死欠活的难少分文，活欠死的奈失据证。彼此胡赖，搪塞不逊。一概舛错，尽推死人。三党亲戚，怀怨评论。儿女存私，朋友失信。略有几个，想念前情，抚棺一哭，冷笑两声。

更有恶报，男受官刑，妇生怪病。子被人虐，女被人淫。业皆消散，房屋火焚。大小家事，倏忽罄尽。作恶相报，非独阴魂。

凡鬼犯闻见之后，押入叫唤大地狱内。细查曾犯何恶，再发入诛心十六小地狱受苦。

小地狱内，各埋木桩。铜蛇为链，铁犬作墩，捆压手脚。用一小刀，开膛破腹，钩出其心。细细割下，心使蛇食，肠给狗吞。受苦满日，止痛完，另发别殿。

白话译文如下：

所有分发到本殿的鬼犯，均已经前述的地狱，受罪很多年。亦即在前四殿查核没甚大的过错的，每人各按七日之期，解到本殿。这些人在本殿也查不出丝毫作恶的事迹，其尸到五七日，没有不腐败的。这些鬼犯都说："在世还有善愿尚未完了。有的说修理、建盖寺院、桥梁、街路，开河沟，挖水井；或者辑集劝善的书籍与文章等善事，尚未完成；或是放生的数目未圆满；父母尊亲奉养或死葬之事，尚未全备周到；另有受恩而为报答。"为了以上等事，哀求准许放还阳世。因此，没有一个不是立下誓愿，一定做好人。

我听完之后说："你们以往在世时，作恶昭彰，神鬼了解得非常清楚。现在如同已到江水中间的船，发现漏水，要补已迟了。可见阴间要是没有怨恨的鬼，阳间就少有仇怨的人，真正修养德行的人，世间真是难得少有。现在来到本殿的鬼犯，照过孽镜后，自然知道自己是恶类。不用多说，牛头马面，将他们押上高台去望乡吧！"

所设高台，名叫望乡台。望乡台的面，半圆形，朝向东、西、南三个方向。此台的弯面有八十一里；台后平直，如同弓弦。北方，以剑树立为城墙。台高四十九丈。以刀山为山坡，砌成六十三级的台阶。善良的人，不用登上此台；功过相半的人，已发放往生轮回去了；只有作恶多端的人，才登台一望。

家乡如在眼前：所有的男女家人亲友的言语、行为，都能看见、听见。你看到了，家里的老少亲友，对你的遗嘱概不遵守，对你的吩咐概不执行。你以前决定的事全都改变，一件件地改换去掉；你辛辛苦苦挣来的财物，全被搬运一空；先生寻思着续娶小老婆，太太琢磨着再嫁新郎君；田地财产被抽走藏匿，分配难以公允；原本清楚的账目，被贪污得浑浊不清；死人欠活人的账，分文不能少；活人欠我的，由于失去证据，一概耍赖，推托赖掉。所有的错误、罪恶，全部推给死人。所有父亲、母亲、妻子的族人，全都怨恨地评论自己；儿女个个心怀私心，朋友则失去信用。略有几个亲友，想念自己在世的情分，抚棺哭几声；一回头，马上又冷笑两声。

以前在世时所造的罪恶，逐渐出现恶报：男子遭受公家的处罚，女子罹患奇怪的疾病；儿子因犯罪被捕入狱，女儿遭欺蒙被人奸淫；事业也已瓦解，房屋全被火焚；大大小小的家业，倏忽之间全部罄尽。其实作恶受到报应的，何止阴魂？

所有邪恶的鬼犯，看见以上的情景后，被押入叫唤大地狱内。待仔细地考查犯何种罪恶后，再分发进入诛心小地狱去受苦。

小地狱内，各地埋设危险的木桩。用铜蛇做成链子，用铁铸的狗做土堆，将人捆绑，压制手脚。再用一小刀，把人开膛破肚，钩出心脏，一块块地割下来，心脏给蛇吃，肠子给狗吃。

此殿小地狱包括：击膝地狱，诛心地狱，刀山地狱，飞

绢本着色十王像《阎罗大王图》，元代陆忠渊笔

刀火石地狱。

世间的人，凡是犯了以下罪行的，即入此等地狱：

一、不信因果，阻止别人行善的；

二、擅自议论别人是非的；

三、烧毁劝善的书籍文章的；

四、礼拜神佛却吃荤肉的；

五、厌恶别人念佛诵咒的；

六、盗掘他人坟墓的；

七、毁坏山林树木的；

八、射杀鸟兽的；

九、用毒药毒杀河流中的鱼类的；

十、以势霸占民田的，等等。

如刀山地狱。望乡台阴为刀山地狱，幅员千余里，山势嶙峻险恶，遍布刀刃。鬼犯至此，或经空中抛下，或由厉鬼驱赶上山。此等鬼犯，生前多是穷凶极恶及奸诈狡猾之徒。有的身居要职，不但忘恩负义，且赶尽杀绝，手段毒辣，戕害无辜。他们一旦死去，即堕入刀山地狱，受尽折磨。

12

六殿阎王卞城王

第六殿：卞城王毕，三月初八日诞辰，专司大叫唤大地狱及枉死城。

六殿卞城王司掌大海之底，正北沃焦石下的大叫唤大地狱，广大五百由旬。四围另设十六小地狱。

一、常跪铁砂小地狱；

二、屎泥浸身小地狱；

三、磨摧流血小地狱；

四、钳嘴含针小地狱；

五、割肾鼠咬小地狱；

六、棘网蝗钻小地狱；

七、碓捣肉浆小地狱；

八、裂皮暨擂小地狱；

九、衔火闭喉小地狱；

十、桑火烤烘小地狱；

十一、粪污小地狱；

十二、牛雕马躁小地狱；

十三、非窍小地狱；

十四、啄头脱壳小地狱；

十五、腰斩小地狱；

十六、剥皮揎草小地狱。

简称为七个小地狱：钉喉地狱，碓捣地狱，磨摧地狱，砍头地狱，虎啖地狱，火牛地狱，嗜肾地狱。

世人若犯以下罪事，即入此地狱：

一、怨天尤地，讨厌风雨，咒骂雷电的；

二、偷窃神殿宝物、佛像金银的；

三、亵对有字之纸的；

四、家中藏匿黄色书刊的；

五、浪费糟蹋五谷的；

六、囤积粮食，以待高价出售的。

犯以上罪事，都发入叫唤大地狱。再查出所犯事件的性质，分发至小地狱受苦刑。期满再转至第七殿，查考有无第七殿管辖的罪恶。

如磨摧地狱：磨摧地狱，又名铁磨地狱。此类鬼犯心地恶劣，忘恩负义，弑父杀子，奸淫乱伦，纵子为恶，卖女为娼，嗜杀成习，丧尽天良。死后乃堕入此狱，铁磨旋转反复，将邪顽之心磨成细粉，淫乱之身碾成血酱，任其野狼吞食，毒蛇生啖。

七殿阎王泰山王

13

第七殿：泰山王董，三月二十七日诞辰，专司热闹地狱，即肉酱地狱。

七殿泰山王司掌大海之底，西北沃焦石下热恼大地狱。周围广五百由旬，并另设十六小地狱。

一、趉䖡自吞小地狱；

二、撞胸小地狱；

三、笛腿火逼坑小地狱；

四、椰权抗发小地狱；

五、犬咬胫骨小地狱；

六、燠痛哭狗墩小地狱；

七、榔顶开额小地狱；

八、顶石蹲身小地狱；

九、端鹞上下啄咬小地狱；

十、鲞皮猪拖小地狱；

十一、茅筒足小地狱；

十二、拔舌穿腮小地狱；

十三、抽肠小地狱；

十四、骡踏獾嚼小地狱；

十五、烙手指小地狱；

十六、油釜滚烹小地狱。

简称四个小地狱：割舌穿腮地狱，顶石地狱，狼唉地狱，油釜地狱。

凡在阳世，曾犯以下罪事，发入本地狱受刑：

一、炼食壮阳药物害人的；

二、平白酗酒、横暴无礼的；

三、抢劫钱财、诈骗害人的；

四、挖墓窃财、盗尸卖骨的；

五、纠集赌博、骗钱败家的；

六、拷打学生、宣泄私愤的；

七、仗势欺人、鱼肉乡里的；

八、装疯卖傻、悖逆尊长的；

九、拨弄是非、发人阴私的。

依据以上条款，查明鬼犯罪事，投入此热恼大地狱，而后发至相关的小地狱受苦。刑满之后，转解第八殿，查明罪行，再予治罪。

如割舌穿腮地狱：此地狱之鬼犯，不少是生前饱读经史之士，其貌堂堂，其辞彬彬。但其人心地狭

绢本着色十王像
《泰山大王图》，
元代陆忠渊笔

隘，嫉贤妒能，若见杰出越己之人，必设计陷害，更伺机进谗，或揭发隐私，捏造是非，以达到罪恶之目的。堕此地狱，利刃割舌，锐矛穿腮，花容玉貌，顿时化为狰狞面目。

14

第八殿：都市王黄，四月初一日诞辰，专司大热恼大地狱，即闷锅地狱。

八殿都市王，司掌大海之底正西沃焦石下的大热恼大地狱，此狱纵广五百由旬。另设十六小地狱。

一、车崩小地狱；
二、闷锅小地狱；
三、碎剐小地狱；
四、牢孔小地狱；
五、剪舔小地狱；
六、常圊小地狱；
七、断肢小地狱；
八、煎脏小地狱；
九、炙髓小地狱；
十、爬肠小地狱；
十一、焚焦小地狱；
十二、开膛小地狱；
十三、剐胸小地狱；
十四、破顶撬齿小地狱；
十五、斫割小地狱；
十六、钢叉小地狱。

简称八个地狱：磅秤地狱，铁丸地狱，炙脊地狱，钉板地狱，锯劈地狱，铁舌地狱，铁汁地狱，火狗地狱。

世人若犯以下罪事，发入此殿地狱：

不知孝道，双亲在时不能奉养；双亲去世后，不能予以安葬，致令亲人惊恐、烦恼。假若不立即忏悔前非，灶神会记下名字，上奏天帝，减少你的福报，并听任邪鬼随身作祟。

如铁汁地狱：铁汁地狱有无数烊化锅炉，炉中铜液铁汁沸沸腾腾。厉鬼一手提起鬼犯身躯，一手高握输管，将滚烫汁液灌入鬼犯口中。铜液由口入喉，乃至内心。鬼犯就地翻滚，痛苦哀号。一霎时，铁汁熔身，全身起火，惨不忍睹。死而复生，生而复形，万劫千生，永无了期。

堕此鬼犯，生前都是铁石心肠，忤逆不孝，弃养父母；生儿不教不养，任其作奸犯科，偷盗吸毒，贩卖人口，狠毒好斗，欺压善良。如此恶人，丧心病狂，堕入烊铜地狱，以铁汁封心。

九殿阎王平等王

第九殿：平等王陆，四月初八日诞辰，专司铁网阿鼻地狱。

九殿平等王，司掌大海之底，西南沃焦石下的阿鼻大地狱。圆叠绕广八百由旬，密设铁网之内，另设十六小地狱。

一、敲骨灼身小地狱；

二、抽筋擂骨小地狱；

三、鸦食心肝小地狱；

四、狗食肠肺小地狱；

五、身溅热油小地狱；

六、脑箍拔舌拔齿小地狱；

七、取脑猬填小地狱；

八、蒸头刮脑小地狱；

九、羊搐成酷小地狱；

十、木夹顶搓小地狱；

十一、磨心小地狱；

十二、沸汤淋身小地狱；

十三、黄蜂小地狱；

十四、蝎钩小地狱；

十五、蚁蛀熬眈小地狱；

十六、紫赤毒蛇钻孔小地狱。

简称六小地狱：蜂蝎地狱，毒蛇地狱，夹顶地狱，蹲峰地狱，铁鸭地狱，针雨地狱。

世人若犯以下罪事，应入本地狱：

一、违犯法律，应受处决的；

二、纵火烧屋，毁人财物的；

三、散播邪教，制造毒药的；

四、引诱少年，导致犯罪的；

五、出版拍摄黄色书影的。

如蹲峰地狱：为政居官，未能公忠体国，为民设想，利用权势，为非作歹，贪赃枉法，压榨人民。堕此地狱之罪犯，不分官阶尊卑，各站于仅供立足之峰顶上，半蹲半立，长年寒风刺骨，凄雨淋身。须臾不慎，即遭巨石砸扁，而成肉酱。如此酷刑，得经八万四千年才能了结，再转地狱，或投胎为低等动物。即使为人，亦是贫病交加而死。

十殿阎王转轮王

第十殿：转轮王薛，四月十七日诞辰。专司各殿解到鬼魂，区别善恶，核定等级，发往投生。

十殿转轮王，殿居幽冥沃焦石外，正东直对世界五浊之处。设有金、银、玉、石、木板、奈河等桥六座。专司各殿解到鬼魂，分别核定其罪福之大小，发往四大部洲的适当地方投生。

至于该投生为男身或女身、长寿或短寿、富贵之家或贫贱之家，要一一地详细记载。每月汇集起来，通知第一殿，在注册后，送呈酆都。

再根据阴律，分为：胎生、卵生、湿生、化生；无足、两足、四足、多足等类。各类生灵，

死后为鬼，再依据罪德的大小，依次投胎。有些一年或一季即死；有些朝生暮死，反复地依罪变换。不管是必定被杀而死，还是不一定被杀而死，一律送到转劫所内考查计算其在世时所犯的过错，分发各方去受报。到了年终，汇集受报情况，送交酆都备案。

凡是解到功过各半，或已受苦报期满，或功少过多的鬼魂，立即斟酌其罪功，判定来生的福报后投胎：有些来生美丽，有些来生丑陋；有些生活安乐，有些生活劳苦。待确定其投胎后，即交到孟婆神的驱忘台下，饮迷魂汤后投胎。

凡是在世不孝及杀生繁多的凶魂，受过各殿的地狱所施加的苦刑后，经发交转劫所，先用桃花枝条抽打致死。死后化为鬼，将他改头换面，发进羊肠小路，投胎为畜生。

绢本着色十王像
《五道轮转王》，元代陆忠渊笔

第二章

鬼帅部

五道将军

五道将军是东岳大帝手下的属神，归东岳大帝管辖。五道将军在阴间掌管人间生死大事，权力很大，在人间拥有不少崇拜者。

明朝著名小说家冯梦龙的世情小说《醒世恒言》，第十四卷"闹樊楼多情周胜仙"就涉及了五道将军。这是个离奇曲折的爱情故事。开酒肆的范大郎之弟范二郎，与周大郎的女儿周胜仙在茶坊邂逅相遇，二人一见钟情，但没有定下终身。回家后，周胜仙茶饭不思，恹恹不起。王婆来给她看病，知道周胜仙得了相思病，便从中撮合范大郎与周胜仙母周妈妈给二人订了婚。周胜仙父周大郎归家，听说此事，嫌范二郎是个开酒楼的，出身低贱，大骂周胜仙的母亲，恰被周胜仙听得。周胜仙一气之下，死绝过去，周大郎也不让人来救，将周胜仙装殓了埋葬。

有个偷坟盗墓的朱真，去盗周胜仙坟，周胜仙醒了过来。朱真将其带回家，强行奸宿。周胜仙后来找个机会逃走，到樊楼找到范二郎。范二郎以为遇见了鬼，拿起汤桶向周胜仙砸去，周胜仙被打死。范二郎被抓入狱。

夜晚，范二郎睡去，梦见周胜仙浓妆而至，二人枕席之间，欢情无限。一连三夜，缠绵悱恻，周胜仙临去时道："奴寿阳未绝。今被五道将军收用。奴一心只忆着官人，泣诉其情。蒙五道将军可怜，给假三日，如今期限满了，若再迟延，必遭呵斥。奴从此与官人永别。官人之事，奴已拜求五道将军。一月之后，必然无事。"从此，真的永别了。

后盗墓的朱真案发被抓。当案的薛孔目，初拟朱真劫坟当斩，范二郎免死，刺配牢城营。还未曾呈案，其夜梦见一神如五道将军之状，怒责薛孔目曰："范二郎有何罪过？拟他刺配，快与他出脱了！"薛孔目醒来，大惊，即改拟范二郎是打鬼，与人命不同，无罪释放。

范二郎欢天喜地回了家。后来娶了妻，但始终不忘周胜仙之情，也感谢五道将军，岁时到五道将军庙中烧纸祭奠。

这里的五道将军，给了周胜仙三天的阳寿，满足了她对爱情的部分追求。同时，命令范孔目做了正确的改判。看起来，五道将军很有同情心。他能帮助弱者，开释无辜，是个具有正义感的冥神。在阳间胥吏心目中，五道将军也很有权威，他的命令不得不从。

这篇小说已经描写到了五道将军，说明在当时五道将军已经参与人们的日常生活了。

钟馗

古代神话人物，民间信仰的驱除邪魔的神仙。历史上本无其人，钟馗的生平事迹全都是人们虚构的。

据说，他的父亲叫钟惠，母亲谭氏。一日，谭氏梦见金甲神人手捧红日，红日被谭氏吞入腹中，从此怀有身孕。怀胎足月，谭氏又梦见香烟五彩，萦绕在身。神人告诉她，小儿乃是上界武曲之星，日后必成正果。醒来就生一小儿，当时毫光闪闪，紫气腾腾，就取名钟馗。

钟惠五十大寿时，他的好友张宪专程赶来庆贺，见钟馗文采飞扬，就把独生女儿许配给钟馗，要求钟馗入赘。玉帝天使下凡托梦钟馗，赐给他宝剑和神笔说："笔可以记录人间善恶，剑可以除掉天下邪魅。"不久之后，张宪要求钟馗到他家读书。张家的女儿名叫秀英，年方二八，生得国色天姿，诗词歌赋，无不通晓。钟馗在张宪处读书，心无旁骛，口不非言，目不斜视，身不妄动。一年之后，京都会试，他没有考中。钟馗觉得功名未就，羞返故里，于是和仆人前往终南山避居苦读。秀英得知钟馗不归故里的消息后，思念成疾，旬余而死。

钟馗第二次赴试中了头名，却因面貌奇丑，被皇帝黜落。一气之下，钟馗触阶身亡。身亡之后，天帝当即派金童玉女把他接来，封他为驱魔大神。他来到阴间，要清除阴间鬼魅。阎君告诉他，阴间的鬼魅已有许多神灵管理，没有一个游魂敢于作祟，建议他到人间捉鬼。于是，他带着宿怨，来到人间捉鬼。此后，钟馗斩了无数阳间之鬼。

另外，据沈括《补笔谈》卷三的记载，钟馗的发迹和唐玄宗的重视有密切关系。

唐玄宗开元年间，唐玄宗得了重病。某一夜，唐玄宗突然梦见两个鬼，一大鬼，一小鬼。小鬼长着一个牛鼻子，身穿红衣，一只脚穿鞋，另一只脚光着，鞋挂在腰上。这个小鬼，偷偷地盗走了杨贵妃的紫香囊及自己的玉笛，绕到殿上来耍玩。唐玄宗李隆基见了大怒，正想呼叫武士，忽然见到一大鬼。这个大鬼，头顶破帽，身着蓝袍，腰系角带，袒露一臂，一下捉住小鬼。大鬼剜掉

龚开绘《中山出游图》，1304 年

小鬼的双眼，扔到嘴里吃了。然后，又把小鬼撕成两半，吃了。李隆基忙问他是何人，他回答说："我是终南山进士钟馗。因武德年间应举不第，羞归故里，触阶而死。我现在是鬼王，誓为陛下除尽天下妖魔鬼怪！"

唐玄宗大梦醒来，神清气爽。于是，立马召见大画家吴道子，让他依梦中所见，画张"钟馗捉鬼图"。吴道子沉吟片刻，挥毫立就。李隆基瞪着眼睛看了半晌，说道："莫不是先生跟我一块做梦来着？画得怎么这样像！"马上重赏了吴道子，并将此画悬于后宰门，用以镇妖驱邪。由于唐玄宗的大力推崇，钟馗才成为民间迷信的驱邪逐鬼的神仙。

民间还流行着"钟馗嫁妹"的喜剧传说。钟馗有个同乡好友杜平，家赀富有，乐善好施。他看到钟馗家境贫寒，就资助钟馗和自己一同进京会试。不料，钟馗因蒙羞撞阶而死，杜平遂出资将其安葬。钟馗来到阴间，做了鬼王，被杜平的种种善举所感动。于是，钟馗就亲自率领大小鬼卒，在除夕返归故里，把自己的妹妹嫁给了杜平。这段佳话，为百姓津津乐道，遂成为古代小说、戏剧和绘画的抢手题材。

究其实际，钟馗是民间杜撰的一个喜剧人物。传说，钟馗其实是一根木棒，叫终葵。古书说明："齐人谓椎曰终葵。"椎（chuí），木棒。齐国人把木棒叫作终葵。终葵既然是木棒，用它来驱除鬼怪，就不足为怪了。

重庆丰都"鬼城"天子殿前左侧，有一座钟馗殿。殿中供奉的主神，就是民间传说中专门打鬼、捉鬼、斩鬼、吃鬼的鬼王钟馗。

东岳十太保

"东岳十太保"是对东岳大帝手下十位阴将的尊称，是东岳大帝属下十位岳府冥府神通广大的元帅。东岳大帝作为幽冥主宰，统治着极其庞大的阴间世界。他旗下设置了十分庞大的阴府官僚机构，以便处理阴间的各种事务。重要的帮手除了十殿阎王、五道将军、判官、城隍，还有东岳十太保。

"太保"本为官名，古代三公太师、太傅、太保之一，为辅弼国君之官。

十三太保。后世也用作对武士豪杰、绿林好汉的美称。如《说唐全传》中镇守登州净海大元帅靠山王杨林，收有十三个武艺高强的好汉为养子，号称"十三太保"。其排名：大太保罗方，二太保薛亮，三太保李万，四太保李祥，五太保高明，六太保高亮，七太保苏成，八太保苏凤，九太保黄昆，十太保曹林，十一太保丁良，十二太保马展，十三太保秦琼。其中十三太保秦琼最为有名。

十三太保的另一说法是指唐朝末年节度使李克用的十三个儿子（包括义子）：大太保李嗣源，二太保李嗣昭，三太保李存勖，四太保李存信，五太保李存进，六太保李嗣本，七太保李嗣恩，八太保李存璋，九太保符存审，十太保李存贤，十一太保史敬思，十二太保康君立，十三太保李存孝。

由此，后世也经常把一些绿林好汉的组合赞为十三太保。

神行太保。《水浒传》中有个"神行太保"戴宗。戴宗，江州人，外号神行太保，日行八百里为宋江送信。原来是江州知府蔡九手下的两院节级。学得道术，把两个甲马拴在两条腿上，作起"神行法"，一日能行四百里；把四个甲马拴

在腿上，一日能行八百里，有"飞毛腿"之称。在江州充作两院押牢节级，人称"戴院长"。为梁山泊总探声息头领，排梁山好汉第二十位。受招安后，被封兖州府都统制，戴宗不接受，到泰安岳庙陪堂，了此一生。

东岳十太保。东岳十太保分别是：翊灵昭武使温元帅，顺灵昭化使李元帅，协灵昭济使铁元帅，镇灵昭赞使刘元帅，通灵昭佑使杨元帅，宣灵昭庆使张元帅，广灵昭惠使康元帅，安灵昭应使岳元帅，显灵昭利使孟元帅，永灵昭助使韦元帅。

这其中既有忠烈将帅如岳飞、张巡，又有传说中的人物如温琼。

东岳十太保中的温元帅最有名，孟元帅、康元帅也有一定知名度，其他几位则没有多大影响。东岳十太保又称东岳十元帅。这里的"元帅"只是对阴间将官的一种美称。

温元帅。温元帅是玉帝赐封的亢金大神，是东岳十太保

的第一太保，影响最大，公务也最忙。他还兼任道教护法神将，为著名的马、赵、温、关四大元帅之一，他又是真武大帝属下三十六天将之一。

刘元帅。刘元帅名俊。他原来是妖怪，后被真武祖师收为神将。《北游记》中说刘元帅是天火山中的妖怪，年年都要百姓供祭童男童女给他，否则就发火烧人房屋。有一年，庙会会首李山在贫民家买来一对童男童女，前往刘俊庙祭祀。童男童女放声大哭，被下界降魔的真武祖师遇见。马华光元帅听了童男童女的哭诉，不由心头火起，当即放了童男童女，手执金枪打入庙中。刘俊正欲享食童男童女，不虞"半路杀出个程咬金"搅乱其事，心中大怒，手执飞鞭来战马元帅。马元帅抛出金砖，一砖将刘俊打倒在地，押见真武祖师。祖师收降了刘俊，给火丹一粒与其食下，奏知玉帝。玉帝封其为王府刘天君，于是真武祖师身边又多了一名手执飞鞭、脚踏火轮的荡魔神将，道教也多了一名护法天神。

杨元帅。杨元帅名杨彪。据说他出生时，"邻惊喊有飞虎至"，故起名为"彪"。

在《北游记》中，真武手下三十六天将中也有杨彪。他本是个吃人的妖怪，在地下开了无数地坑，行路之人黄昏时过此，跌入坑中，杨彪便捉而食之。后真武祖师带部将设法将其降住。玉帝封其为"地祇元帅"。其诞日为农历十月十六日。

张元帅。淮阴人。传死隶东岳大帝，主冥府要职，后世称东岳十太保之一。宋神宗元丰年间（1078—1085），诏封嘉应侯。

康元帅。生于黄河之滨。康元帅慈慧悯生，照顾孤寡，从不伤害幼小者，连虫蚁也怕踩死。传说有一只小鸟被老鹰所伤，折断了翅膀，趴在地上，康元帅"收而哺之"。此鸟痊愈后"含长生草而报"。康元帅还治愈了邻里不少病人，"四方谓之能仁"。

孟元帅。名孟山，本是个狱官。他为人仁义孝慈，敢作敢当。

20
温元帅

温元帅是东岳十太保中的第一太保，声名远播。他也是道教的护法神将，为著名的马赵温关四大元帅之一。他也是真武大帝属下的三十六天将之一。

关于温元帅的来历，史传两个版本。

第一个版本。明代学者宋濂《温忠靖公庙碑》和元人《三教源流搜神大全》卷五"孚神温元帅"，有详细介绍。说温元帅是泰山神，为东岳大帝的部将。他姓温，名琼，浙东温州人，字永清。父亲温望，是位儒生，曾中科第。但年老无嗣，与妻子张道辉日夜祈于后土娘娘。后来突一夜，张氏梦见一巨神，手擎一颗明珠而降，对张氏言道："我乃六甲之神、玉帝之将，欲寄母胎，托质为人，母还肯否？"其神投珠于怀而醒，张氏因而怀孕十二月。祥云绕室，于汉顺帝汉安元年（142）辛巳五月初五午时生下温琼。生时左肋有符文二十四篆，右肋有符文十六篆，其母其时梦见神人送给玉环，因而名之曰"琼"，字小玉。此后，温琼七岁学习推算星象，十岁通晓儒、释、道及百家之言，十九岁科举不中，二十六岁进士不第，遂抚几长叹曰："吾生不能致君泽民，死当为泰山神，以除天下恶厉耳。"抑郁间，忽然看见一条苍龙口吐宝珠。他慌忙捡起吞下，瞬间变得青面赤发，手握法器，英毅勇猛。东岳大帝闻其威猛，"召为佐岳之神"。后来被列为东岳十太保之一，故又称之温太保。不久，玉帝敕封他为"亢金大神"，并赐玉环一只，

温元帅像

琼花一朵，金牌一面，上有"无拘霄汉"四字。这样他就左手持玉环，右手执铁锏，自由出入天门，巡察五岳名山，慈惠民物，驱邪伐妖。宋代，温琼又被封为翊灵昭武将军正佑侯，正福显应威烈忠靖王。

第二个版本。这个版本来自《北游记》。某日天上玉帝升殿，下界某地斑竹村的灶君奏报，该村三百户村民俱不行善，作恶多端。玉帝闻奏大怒，立派行瘟使者仲仕贵，前往降凡行瘟，灭了斑竹村一村人民。仲仕贵领旨降凡来到斑竹村，土地来迎。仲瘟神拿出毒药交代，斑竹村村民俱不行善，玉帝下旨，你明日巳时将此药放入各口井中，毒死斑竹村一村人民。土地忽然回道，此村中有一人，姓雷名琼，卖豆腐为生，为人心好，常种善根，此人不可害他。使者答道，善人当救，余者不可。将药交给土地。

土地接了药，变成一个老人，来至井边等候。正遇雷琼来打水做豆腐。土地于雷琼背后说道："此水你多担些去，明日巳时，此水放药，吃人会死，吃不得。"雷琼回头一看，不见人影，大吃一惊，心中忖道："如果天降之神，明日入药于井，害死一村之人，我怎么能明明知道而装作不知道呢，偷存自己性命？不若宁作我死，倘若救得一村人，亦是老夫阴功。"

次日天稍微明，雷琼即到井边等候。看看到底是不是如那人说得那样。果然见一老人，手拿一包药而来，正欲放到井中。雷琼上前一步，一抢在手，一口吞下，即时毒死于地，四肢青黑。

土地大惊，即时带此老人三魂七魄，飞升天宫，面见玉帝。玉帝闻奏感叹，封雷琼为威灵瘟元帅，头戴百姓帽，赐金花一朵，金牌一面，内书四字"无拘霄汉"，自由出入天门。雷琼谢恩奏帝，救一村百姓，玉帝准奏。雷琼回到斑竹村，托梦村中人，从此个个改恶从善。

温琼的庙宇，有的叫作广灵庙，有的叫作温将军庙，大多分布在江浙一带。其中最为著名的是浙江温州的忠清王庙，俗称元帅庙。每年的农历五月初五，温琼的诞辰日，四方信徒纷纷前来祝贺。信徒抬着他的神像在街上游行，镇邪祛恶，免除灾祸，成为当地流行的一种民俗。

杨元帅

21

杨元帅名杨彪，因他出生时，恰巧邻居惊喊一声"飞虎来了"，故起名"彪"。

杨元帅的来历，也有两个版本。

第一个版本。据说他先前是汉代廷尉，相当于最高法院院长。他性情温顺，判案公正。有个盗窃主人玩物的，皇帝想定他死罪，但杨彪按律条定了他盗窃罪，依法判处。他的一个老朋友触犯法律，给了杨彪千金"好处费"，请他高抬贵手，杨彪面对千金连眼睛也不眨一下，照样依法治罪。由此，他死后，玉帝封他为地祇（地神）。"阳纠人间囹圄之曲直，阴鉴海岳之魅魑"。同时做了东岳十太保之阴帅，"察人鬼，断凶顽"，即生前是好人，死后为好鬼。

第二个版本。根据《北游记》的记载，真武祖师手下三十六天将中也有一个杨彪。此杨彪原来是一个吃人的妖怪。他在地下开凿了无数地坑，夜行之人跌入坑中，杨彪便捉而食之。后被真武祖师发现，将其降伏，收为护卫神，名曰"地祇元帅"。这个杨彪，是一个由坏变好的典型。

杨元帅的诞辰为农历十月十六日。

22

康元帅

康元帅，名叫康广席，或康妙威，一般称康天君、康将军等，是"东岳大帝十太保"之一。他是道教著名的护法神，封"仁圣元帅"，亦是"三十六天将"之一。

据说康元帅生长于黄河之滨，非常仁慈，乐善好施，时常救助贫病之人，扩及万物，甚至曾经从老鹰口中救下小鸟，鸟衔着"长生草"以报答他。民众都说他"仁圣"（仁慈圣明）。

他的仁慈感天动地，声闻于天。登天之后，玉帝就封他为"仁圣元帅"，掌管四方土地神。这是一个非常重要的官位。民间传说，人死后，亡魂先被无常鬼勾走，送到当地土地庙中的土地爷那里报到。然后，再送到当地城隍庙的城隍爷那里汇总，最后解送到东岳

大帝处听候处理。亡魂在转送过程中的第一站，即土地爷接收时，有康元帅把关，会让鬼魂感到放心。因为康元帅至仁慈、至负责，不会办成冤假错案。康元帅的造像，左执金斧，右执瓜锤，浓眉虬髯，威严勇猛。

　　每年的农历七月初六日是康元帅的诞辰。

康元帅，《三教源流搜神大全》，
清宣统元年叶德辉校刊本

孟元帅，《三教源流搜神大全》，清宣统元年叶德辉校刊本

23

孟元帅

孟元帅是阴间的一位有名的善神。

《三教源流搜神大全》卷五"孟元帅"记载：

帅有姓孟名山者，仁义孝慈，万古不磨。至今偿人心愿者，观其为狱官释囚一事，足卜其概。夫囚，法所不贷，至不可以信义感，易知也。帅以残冬思亲，动阛门数百之泣，皆切慕亲，曰："而独无母乎？无相见也？"帅哀其怀膝下想，遂泣与囚约，囚亦泣与帅约：至今冬廿五日而释，来正初五而还。果不爽一焉。帅遂以为例焉。

这是说，孟元帅姓孟名山，叫孟山。他为人仁义孝慈，声名远播，万古不灭。直到如今，人们感念他的，只举一例，即他担任狱吏而释放囚徒之事，观叶知秋，即可见他的人品之高尚。我们都知道，被关押的囚徒，法律对他们严惩不贷，用信义是感动不了他们的。但孟元帅却做了一件感动囚徒的事。一年，将到年底，监狱里的囚犯们都很想念家中亲人，伤心落泪。孟山看了非常同情，心想：谁没有父母亲人？他们没法相见，也该让他们见见亲人。孟山于是与囚犯们约定：腊月二十五放他们回家与亲人团聚，正月初五按期返回监狱。犯人们感泣而去。到了正月初五，犯人们都按期返回，没有一个误期或逃跑的。以后，年年这样，成为惯例。

久之，孟山思索："囚犯们一念思亲，孝也；信而四时，义也。既孝义且信，可感化他们使他们改过自新。"于是，他对犯人们说："假如赦免了你们，能改善吗？"犯人们说："我等已犯了罪，岂可一错再错？谁愿死心塌干一辈子坏事？"孟山说："汝等真能改过，我就全放了你们。"囚犯们泣曰："这是在阎王殿上得到轮回转世！可我们逃走了，您怎么办？若是您为我们而死，我等活不如死。"孟山说："以一人死而活百人之命，何虑焉！"众囚皆泣曰："君如此宽厚，恩莫大焉。我等碎身难报。"孟山遂将他们放走。

不料，上司滕知府知道此事，把孟山抓来鞭打了一顿，并限令他把释放的八百名囚徒全部抓回，少一个即处死他。孟山自思难以复命，便在窑中引枪自杀，但连续三次未遂，因为有一只白兔三次撞倒其枪。

玉帝闻之，即敕封其为"酆都元帅，遂后于其帽上加琼花一朵"。宋初为其塑像建庙，"而加以将军号焉"。

孟元帅的诞辰是农历八月十二日。

十大阴帅

冥界的十大阴帅是：鬼王大帅，日游大帅，夜游大帅，豹尾大帅，鸟嘴大帅，鱼鳃大帅，黄蜂大帅，无常大帅，牛头大帅，马面大帅。

他们是阴界东岳大帝的主要护卫鬼神，仅次于四大判官。但从其构成来看，地位高低不等，参差不齐，鱼龙混杂，等级悬殊。这里居然还有黑白无常、牛头马面等走卒式的低级鬼神。他们和元帅的称谓确实难以比肩，从中可见，中国鬼神的构成及体系十分混乱。

下面简要介绍十大阴帅。

第一位，鬼王大帅。鬼王的塑像上身裸露，红发獠牙，手拿镇妖铃，面目狰狞，形象凶恶，一副夜叉鬼模样。其地位应该高于一般鬼卒，大约是像山大王那样的头领。

第二位，日游大帅。日游神是中国民间信仰中负责在白天四处巡游，监察人间善恶的神祇，又称日游巡。一开始，日游神被认为是四处游荡的凶神，如果冲犯了日游神将会招来不幸。后来，他的作用发生了变化，成为日夜巡游、监察人间善恶的护卫神。

第三位，夜游大帅。据《山海经·海外南经》记载，在南方荒野，有十六个神灵，一个个都是小脸颊、红肩膀，手挽手连在一起，给黄帝守夜。他们白天隐去，夜晚出现，因而叫作"夜游神"，即夜游大帅。夜游神是在夜间四处游荡巡行的凶神，他们与日游神们日夜轮流值班，监视人们的行为举止。

第四位，豹尾大帅。民间传说中，豹尾是管理兽类动物亡灵的冥帅，和鸟嘴、鱼鳃、黄蜂并称"四大阴帅"。"四大阴帅"分别管理陆上兽类、天上鸟类、水中鱼类以及地上昆虫等各处动物的亡灵。这只是

民间巧立名目、杜撰的说法。豹尾本是我国古代方术中虚拟的岁神名，为一凶神，是所谓虎贲之象、先锋之将，常与岁神黄幡相对。豹尾与凶神吊客、丧门等相同，其所在之地均应避忌。

第五位，鸟嘴大帅。坊间传，鸟嘴是管理天上鸟类动物亡灵的冥帅，和豹尾、鱼鳃、黄蜂并称"四大阴帅"。

第六位，鱼鳃大帅。民间流传，鱼鳃是管理水中鱼类动物亡灵的冥帅，和豹尾、鸟嘴、黄蜂并称"四大阴帅"。

第七位，黄蜂大帅。民间传闻，黄蜂是管理地上昆虫动物亡灵的冥帅，和豹尾、鸟嘴、鱼鳃并称"四大阴帅"。

第八位，无常大帅。黑白无常鬼，亦称无常。在旧时迷信中，将无常说成是人死时勾摄生魂、拘提亡魂、打击恶人的死亡信使，是负责接引阳间死去之人的阴差。分为黑白无常，民间传说遇黑者为凶，遇白者则喜。

第九位，牛头大帅。牛头来源于佛家。牛头又叫阿傍，其形为牛头人身，手持钢叉，力能排山。据《铁城泥犁经》说：阿傍为人时，因不孝父母，死后在阴间为牛头人身，担任巡逻和搜捕逃跑罪人的衙役。

第十位，马面大帅。马面也是冥府著名的勾魂使者。鬼城丰都及各地城隍庙中，均有牛头马面的形象。

25

鬼王大帅

鬼王大帅是东岳大帝的护卫神，应该是一个正面形象。

清代蒲松龄《聊斋志异》卷六《考弊司》介绍了一位主管考弊司的鬼王。

"考弊司"，大概是指考核科举弊端的主管衙门。而从小说内容来看，写的却是培养各种考试人才的学校。他的庭堂高广，堂下立两块石碑，上面分别刻着"孝悌忠信""礼义廉耻"的大字，显示学校宗旨正面而鲜明。但这只是表面现象，学校的内幕逐渐暴露无遗。

学校的校长是一个鬼王。这位鬼王叫作"虚肚鬼王"，其意是不学无术、腹内空空之辈。他长得"卷发鲐背，若数百年人；而鼻孔撩天，唇外倾，不承其齿。从一主簿吏，虎首人身。又十余人列侍，半狰恶若山精"。这是说，鬼王卷发驼背，就像是几百岁的人，鼻孔朝天，嘴唇外翻，不能盖住牙齿。这是一个狰狞厉鬼的形象。后面跟着一个主管文书的官吏，也是一个"虎首人身"的妖怪。两旁有十多个鬼卒列队侍候，面目凶恶得像山精一样。此学校就是一座阴间鬼魂操办的鬼校。

这个鬼王虽标榜"孝悌忠信、礼义廉耻"，实际则是个贪得无厌、残忍暴虐的家伙。他规定下属拜见他，都要割一块髀肉（大腿上的肉）为"成例"，不管有罪无罪，但"丰于贿者，可赎也"——只要银子贿赂得多，就可免割肉之苦。

书中所写割肉的情节充满血腥气：秀才和几个同辈人，反背着双臂，被人用绳索绞勒手指，就像罪人在监狱中一样受刑。有一个面貌凶恶的人持刀走来，把秀才的裤子扒下，露出大腿，割下一片肉，大约有三寸宽。秀才大叫，声音都要嘶哑了。

这里的鬼王完全是一副贪官嘴脸。不过，此鬼王也遭到了阎王的惩罚。阎王下令，抽掉了鬼王的"善筋"，增添了鬼王的"恶骨"，罚他生生世世不得发迹！鬼卒们先鞭打他，把他打倒在地，打掉了一颗牙，又用刀割开他的指尖，把筋抽出，这筋又亮又白像丝一样。一直要到把手脚上的筋全抽完。鬼王痛得大声嚎叫。作孽的鬼王受到阎王的严厉惩处。

鬼王的名目也不少。据《地藏菩萨本愿经》载：仅地狱和阎浮提（南赡部洲即人类居住的世界）中的大鬼王即有无量鬼王、恶毒鬼王、大诤鬼王、白虎鬼王、血虎鬼王、赤虎鬼王、散殃鬼王、飞身鬼王、

鬼王大帅

雷光鬼王、狼牙鬼王、千眼鬼王、啖兽鬼王、负石鬼王、主耗鬼王、主祸鬼王、主食鬼王、主财鬼王、主畜鬼王、主禽鬼王、主兽鬼王、主魅鬼王、主产鬼王、主命鬼王、主疾鬼王、主险鬼王、三目鬼王、四目鬼王、五目鬼王、祁利失王、大祁利失王、祁利叉王、大祁利叉王、阿那吒王、大阿那吒王等，小鬼王则数以千计。

神，如果冲犯了日游神将会招来不幸。元朝王晔《桃花女》杂剧第三折："今日伊出门之时，正与日游神相遇，便不至

日巡大帅

26

日游大帅

日游神，又称日游巡，即日游大帅，是中国民间信仰中，负责在白天四处巡游，监察人间善恶的神祇。一开始，日游神被认为是四处游荡的凶

27

夜游大帅

死，也要带伤上阵。"说明在元代，日游神还是凶神的形象。

为此，人们制定了躲避日游神的历书，指导人们的行止。据《协经辨方书》记载：日游神癸巳至丁酉日在房内北，戊戌己己亥日在房内中，庚子辛丑壬寅日在房内南，癸卯日在房内西，甲辰至丁未日在房内东，戊申日又在中，己酉日出游四十四日。游神所在之方，不宜安产室、扫舍宇、设订帐。安产室、安床则不宜抵向日游神，出行则不宜犯鹤（曜）神。

神像为一古代吏员打扮：小纱帽，白袍黑靴，长须虬髯，一手扶玉带，一手持一卷簿。模样倒不十分凶恶可怕。《玉历宝钞》中，日游神作"日游巡"，作狱吏打扮，披散着头发，手持木牌，上写"日巡"二字。

夜游神，又称夜游巡，即夜游大帅，是夜晚巡行之神，与日游神轮值，监督人间的善恶。"夜游神"与日游神相反，是民间信仰中的司夜之神。关于司夜之神的记载最早见于《山海经·海外南经》，说有神人十六位，彼此胳膊相连，为天帝司夜，形象上称他们是"小颊赤肩"。汉代的《淮南子·坠形训》说司夜之神在西南方，称他们"连臂大呼夜行"，而中原地区最初并没有"夜游神"这一称谓。

《山海经》说："有神人二八，连臂为帝司夜于野。"这个"神人二八"，就是指传说中的夜游神。当时的夜游神不只一人，大概是"十六人"，尔后逐渐演变成只有一人。夜游神原是四处游荡的凶神，后来则演变成东岳大帝、阎罗王、城隍爷等阴间神明的部下，监督人间的善恶，故常被供奉于东岳庙、城隍庙等。

民间传说，世人若看见夜游神，定乃不祥之兆。清朝李庆辰《醉茶志怪》中说，王某人在夜间，看见一个三丈高的巨人，巨人微笑告知："我乃夜游神也。"言毕消失，而王某数日后无病身亡。

夜游神亦做好事。明代冯梦龙编《古今小说》记载：蜀郡益州有个秀才叫司马貌，空有一身才学，到了五十岁，还没有考中秀才，屈埋于众人之中，心中怏怏不平。一天因为酒醉，写了一首《怨词》，其中言道："善士叹沉埋，凶人得横暴。我若作阎罗，世事皆更正。"吟诵数遍，将诗稿焚于灯下。不料，此事被夜游神侦知，奏知玉帝。玉帝闻之大怒，要治他的罪。后听太白金星劝告，让司马貌代理阎王半日。司马貌果然不凡，半日时间，把四件大案皆判得清清楚楚

楚。玉帝见他能体现天地无私、果报不爽之意，就叫他转世为司马懿，将三分天下收拾归一。在这里，司马懿有幸当了半日阎罗王，后又转世为出将为相的司马懿，倒多亏了那个夜游神了。

人们对夜游神是敬畏的。明代刘侗、于奕就在《帝京景物略》

夜巡大帅

卷二《春场》中，谈到了当时北京民间有一种风俗，即在夜晚星光下，不能在院中放置洗濯的剩水，怕夜游神巡查时用这些脏水饮马，罪过就大了。由此看来，早在明代民间就已普遍信仰夜游神了。

坤宝典》称："豹尾者……其所在之方，不可嫁娶、纳奴婢、进六畜及兴造。犯之者破财物，损小口。"豹尾与凶神吊客、丧门等相同，其所在之地均应避忌。

28

豹尾大帅

在民间传说中，豹尾是管理兽类动物亡灵的冥帅，和鸟嘴、鱼鳃、黄蜂并称为"四大阴帅"。"四大阴帅"分别管理陆上兽类、天上鸟类、水中鱼类以及地上昆虫等各处动物的亡灵。这只是民间巧立名目、杜撰的说法。豹尾本是我国古代方术中虚拟的岁神名，为一凶神，是所谓虎贲之士、先锋之将，常与岁神黄幡相对。《协纪辨方书》引《乾

第三章

鬼吏部

第一七日　過秦廣王

讚曰

閻王向佛再陳情

凡夫死後於功德

伏願慈悲作證明

摭廣聽說十王名

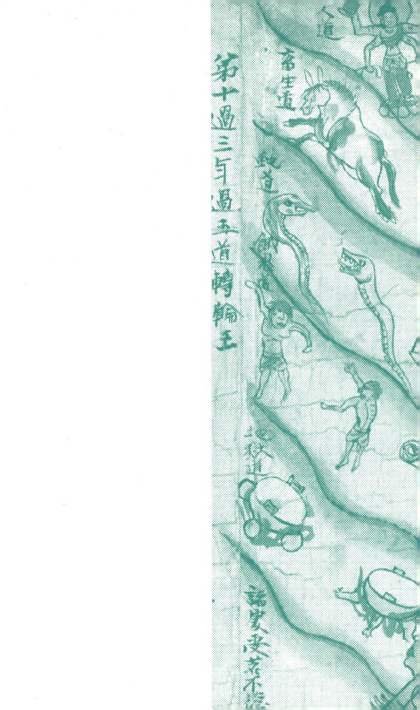

第十遍三句遍五道轉輪王

畜生道

餓道

鬼道

地獄道

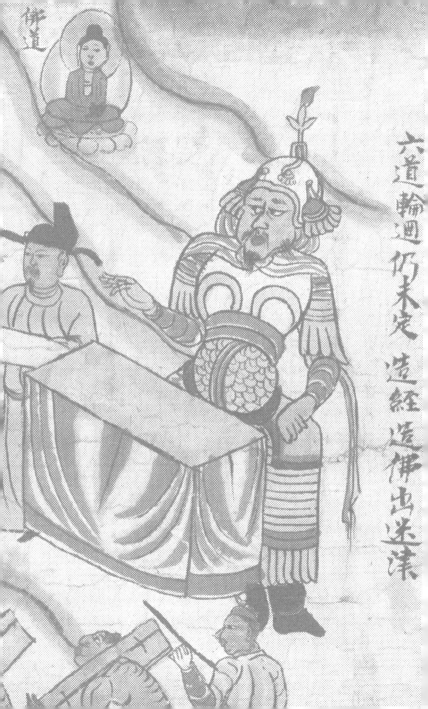

佛道

六道輪迴仍未定
造經造佛出迷津

判官

古代传说中的阴间官名。长得凶神恶煞，但绝大部分心地善良、正直不阿。他们的职责是判处人的轮回生死，对坏人进行惩罚，对好人进行奖励。判官写照：君貌狰狞，君心公正；青林黑塞，唯君所命。

四大判官是阴界仅次于十殿阎王的高级官员。他们是掌握大权的司法高官，具体掌管赏善司、罚恶司、阴律司、查察司。而查察司是掌管人间生死簿的，权力最大，居四司之首。查察司的判官为首席判官，是崔判官。

崔判官的具体情况，在吴承恩《西游记》第十回、第十一回有详细记叙。话说唐太宗忽然患了重病，一病不起。在弥留之际，老臣魏征出现了。他手扯龙衣，奏道："陛下宽心，臣有一计，管保陛下长生。"太宗道："病势已入膏肓，命将危矣，如何保得？"征云："臣有书一封，进与陛下，捎去到冥司，付丰都判官崔珏。"太

宗道："崔珏是谁？"征云："崔珏乃是太上先皇帝驾前之臣，先受兹州令，后升礼部侍郎。在日与臣八拜为交，相知甚厚。他如今已死，现在阴司做掌生死文簿的丰都判官，梦中常与臣相会。此去若将此书付与他，他念微臣薄分，必然放陛下回来。管教魂魄还阳世，定取龙颜转帝都。"太宗闻言，接在手中，笼入袖里，遂瞑目而亡。

却说太宗渺渺茫茫，魂灵缥缈而去。有一人高声大叫道："大唐皇帝，往这里来，往这里来！"太宗闻言，抬头观看，只见那人：

头顶乌纱飘软带，腰围犀角显金厢。手擎牙笏凝祥霭，身着罗袍隐瑞光。脚踏一双粉底靴，登云促雾；怀揣一本生死簿，注定存亡。鬓发蓬松飘耳上，胡须飞舞绕腮旁。昔日曾为唐国相，如今掌案侍阎王。

这种打扮，活像一个跳梁小丑。唐太宗看到的正是首席判官崔珏。

于是，唐太宗和崔珏接上了头，并把魏征的介绍信当面交给了崔珏。崔珏读完信后，说道："今日既有书来，陛下

重庆市丰都鬼城天子殿四大判官塑像

宽心，微臣管送陛下还阳，重登玉阙。"表示一定帮忙让唐太宗重回阳间，再登大位。看起来，这个后门是走对了。

后来十殿阎王会审唐太宗。十王命掌生死簿判官："急取簿子来，看陛下阳寿天禄该有几何？"崔判官急转司房，将天下万国国王天禄总簿逐一检阅。只见南赡部洲大唐太宗皇帝注定贞观一十三年，崔判官吃了一惊，急取浓墨大笔，将"一"字上添了两画，却将簿子呈上。十王从头看时，见太宗名下注定三十三年，阎王惊问："陛下登基多少年了？"太宗道："朕即位，今一十三年了。"阎王道："陛下宽心勿虑，还有二十年阳寿。此一来已是对案明白，请返本还阳。"太宗闻言，躬身称谢。十阎王差崔判官、朱太尉二人，送太宗还魂。唐太宗千恩万谢，表示要给十王送南瓜。就这样，唐太宗又回到了阳间，并坐了二十年皇位。

从这里不难看出，首席判官崔珏拥有掌握生死的大权，甚至连皇帝的生死也在他的掌握之中。但是，这也暴露了崔珏并不是一个公正的判官。可见阴界也徇私随便处置，没有公平可言。

其实，崔珏的生平有一个更加可信的记载，就是《三教源流搜神大全》对崔珏的详尽介绍。崔珏，字子玉，祁州鼓城人（今河北晋县）。父亲崔让五十岁时还没有后代，便与妻子商量说："我平日常存济物之心，今何无嗣？不如与你共发虔诚，到北岳去祈祷。"于是二人同到北岳祠下祈子。当夜，夫妻梦一仙童手擎一盒，说："帝赐盒中之物，命你们夫妻吞之。"打开一看，盒中有美玉两块，二人各吞其一，自后有娠。于隋大业三年（607）六月六日降生一子，神采秀美，异于常人。因其父母曾梦各吞一玉，故取名"珏"（"珏"为合在一起的两块玉），字子玉。

崔珏幼而向学，凡事过人。唐太宗贞观年间，被朝廷召用，任潞州长子县（今属山西省）令、磁州滏阳县（今河北磁县）令。崔珏为官正直无私，洞察秋毫，郡人皆言其"昼理阳间，夜断阴府"。崔珏任卫州卫县（今河南淇县东北）县令时，夏天洪水泛滥，淹没农田。崔珏于河上设坛，以词奏于天帝。少顷，有一蛇浮于水面而死，洪水随即退去。郡人争立生祠纪念他。

崔珏的死具有神秘色彩。一天，崔珏正与一老人下棋，忽有几个黄衣使者执符前来拜见，说"奉上帝命"云云。接着，又有五岳卫兵等百余人皆来叩拜，复有一神骑白马至。崔珏说："你们稍等一会儿。"于是，招呼二子说道："我就要离开人世，你们不必难过。"然后，写了一篇百字铭，送给两个儿子，便去世了。享年六十四岁。

从这里看，崔珏是一个俊美男子，不是一个跳梁小丑。

城隍

古代神话中城池的守护神。后来为道教所信奉，实则是阴间的市长。道教认为城隍能够"剪恶除凶，护国保邦"，是难得的保护神。同时，他还可以应人所请，旱时降雨、涝时放晴，以保谷丰民足。在古代，池与隍是有区别的。有水环护的城堑，叫池；无水环护的城堑，叫隍。城隍本来是无所指的，没有统一的神的形象，各地的城隍神名不一。城隍神最早的雏形，大约是出于《周礼》的记载。据说，《周礼》曾记道，蜡祭八神之一，就有水庸神。水，指隍；庸，指城。水庸，即城隍。对此，《陔余丛考》卷十五分析："水则隍，庸则城也。"这就证实了水庸神是最早的城隍神的说法。

在古代，一般都是城市型国家。城墙对一个国家的安全十分重要。但仅有城墙，还是不够的。城墙之外，必须有护城壕。护城壕里，还必须贮满池水。因此，城隍神就具有了保家卫国的特殊意义。有了城隍神的保佑，城池就可以固若金汤。对城隍神的崇拜，也就顺理成章了。

见于记载的最早的城隍神，是三国吴国赤乌二年（239）所建的芜湖城的城隍。《北齐书·慕容俨传》也有郢城城隍的记载。唐朝以后，经济发达，城市林立，郡县城市都拥有各自的城隍，建立各自的城隍庙。唐朝的文豪，如张说、韩愈、杜牧，都曾虔诚地撰写过祭城隍文，以祈祷城隍的保佑。到了宋朝，城隍的信仰已经遍布全国，各地都把有功于当地的名人作为自己的城隍。如苏州的城隍是春申君，杭州的城隍是文天祥，上海的城隍是秦裕伯。名人成为人们心目中的神了。后唐时期，城隍的地位又升高了。后唐清泰元年（934）城隍被封为王，级别有了很大的提高。

到了明朝，城隍得到了殊遇。明太祖朱元璋对城隍有着特别的感情。朱元璋出生在安徽濠州（今安徽凤阳县东）一个赤贫的农民家庭。十六岁就出家于皇寺当了一个小和尚。但是，寺庙也养活不了他，

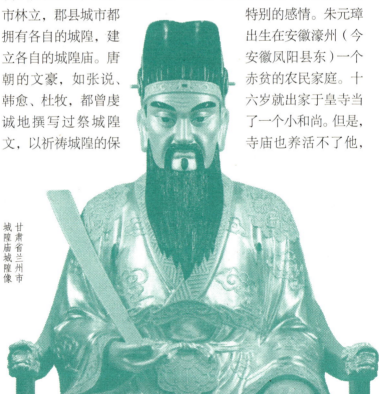

甘肃省兰州市城隍庙城隍像

他只得出外去化缘，讨口饭吃。这样的云游生活，他过了三年。三年的漂泊生活，各地城隍庙成了他的栖息地。因此，朱元璋当上了皇帝后，对城隍庙情有独钟。朱元璋下令，晋封京师应天府（今南京）的城隍为帝，同人间的皇帝同等对待。晋封开封、临濠、东和等几个大城市的城隍为王，职同正一品，同三公和左右丞相平级，又封府、县的城隍为公、侯，并旨命各地重建城隍庙，其规格要同当地的官府衙门一样。这样，各地就有了阳、阴两套衙门。

城隍在明清以后，成为一个神的官职，而不是一尊神明。都城隍为省级行政区所奉祀，相当于阴间的巡抚。府城隍相当于阴间的知府，县城隍相当于阴间的县令。各地的城隍由不同的人出任，甚至是由当地的老百姓自行选出，选择的标准大抵是"正直聪明"的历史人物。

清代蒲松龄著《聊斋志异》有《考城隍》一文，尽写阎王对选拔城隍的重视。

话说某地一位秀才宋焘，某日忽然接到一位公差送来的一张通知单，请他参加考试。宋秀才懵懵懂懂地骑马跟着公差去了。他们来到一座城市，如同帝王的京城一样。随后，他们进入一座衙门，宫殿建筑富丽堂皇。堂上坐了十多位官员，不知道是些什么人。其中只有关帝是认识的。衙门的殿廊下摆放桌凳各两个，已经有一位秀才坐在那里的下位上。宋先生便与他并肩坐下。每张桌子上都有笔和纸。一会儿，有人便送来带有题目的考卷。题目是"一人二人，有心无心"。他们二人很快答完，便将考卷呈了上去。宋先生的答卷的关键词是："有的人故意去做好事，虽然做了好事。但不应给他奖励；有的人不是故意做坏事，虽然做了坏事，也可以不处罚他。"这段关键词得到各位考官的称赞。于是，他们决定让宋先生走马上任，担任河南某地的城隍，即阴间市长。宋先生一听才恍然大悟，明白是怎么一回事，连忙跪下，边叩头边哭诉道："小生能得到如此荣耀的任命，真是三生有幸，怎能推辞呢？但我有七十多岁的老母，身边无人奉养。请你们允许在她去世之后，我再听从你们的任用。"堂上一位好像帝王一样的人，立即命令查看他母亲的寿禄。一位官员捧着记载人寿禄的册子查看一遍，说道："她还有阳寿九年。"官员们一时犹豫不决，此时关帝说道："没有什么关系，让姓张的先代理九年，到了期限，他再去。"于是，同宋先生一起考试的长山的张先生就先去赴任了。宋先生骑马回到村里，他好像从梦中醒过来一样，其实，他已经死去三天了。宋先生的母亲听到棺材里有呻吟声，便赶快把他从里面扶出来。过了好半天，宋先生才能说出话来。他打听长山那个地方，果真有姓张的这个人，已经在那天去世了。

自此以后的第九年，宋先生的母亲果然到时候便逝去了。丧事办完，宋先生洗完澡，走进屋子也死了。宋先生到阴间做了城隍。

这是阴间选拔阴间市长的一个过程，也是要通过考试的。

现在的西安的城隍庙，就是明太祖朱元璋洪武年间修建的，雄伟壮丽，蔚为大观，呈一时之盛。大殿正中是城隍神，两旁分列判官、牛头、马面、黑白无常等鬼卒，面目狰狞，阴森恐怖，展现了阴间的一角。

31 土地

土地，民间俗称土地爷、土地公。其老伴，则俗称土地婆、土地奶奶。在阴间，土地的级别最低，权力最小，但办事却最多，离人们最近。土地是最普通最平凡的神仙，也是最具人性最有爱心的神仙。土地爷是个和气

土地爷爷和土地奶奶像

且温顺的地方官。

　　土地的来源，和远古土地神的崇拜密切相关。最初的土地神是社神，不是后来的土地爷和土地婆。社神之"社"，是

什么意思呢？《说文解字》解释："社，地主也。从示、土。"即是说，社是土地之主，是土神。示，表示祭祀；土，是祭祀的对象。两者之合，是祭祀

崇拜土地之意。社神与土地神之间，既有联系，又有区别。其联系，表现在都是对土地的崇拜；其区别，原始的社神是指对整个大地的崇拜，而现在的土地爷，则是对当时当地的土地的礼敬。

绝大多数的土地爷是没名没姓的。土地爷有一个共同的形象，那就是供奉在小小土地庙中的土地爷的形象。土地爷一般都是泥塑的，或是石凿的。其典型形象是，头戴乌帽、身穿长袍，头发雪白、银须飘洒，慈眉善目、躬背弯腰，是一个慈善和蔼的老头。他身旁的老太婆，就是土地婆。有的土地庙，因陋就简，没有塑像，干脆立一块木板，上面书写"土地"二字。

后来，古人将对自己有用的名人视为土地爷。据说，最早的土地爷是汉朝的蒋子文。蒋子文是广陵（今扬州）人，曾为秣陵（今南京）尉，是秣陵的土地爷。汉朝末年，祢衡为杭州瓜山的土地爷。南宋时期，临安（今杭州）太学的土地爷是岳飞。县衙门把萧何、曹参等高级参谋作为土地爷。翰林院和吏部则把韩愈当作土地爷。

土地最兴盛的时期，应该是明太祖朱元璋时。朱元璋因为家贫，无以为计，十六岁出家当了小和尚。随后，又做了三年云游僧。此间，他经常以土地庙为自己的栖息地，因此，后来对土地庙情有独钟。朱元璋坐了龙廷后，对寺院和土地庙都格外关照。当时，可以说，遍地都是土地庙，甚至连仓库、草场也有土地庙。

过去，人死了，家人要到土地庙向土地爷报到，还要向城隍神注销阳间的户口。这是当时人们的迷信。现在，很少有人相信这些了。

池头夫人

阴间血污池地狱的典狱长。池头，即血污池的头目。据说，她是阳间产妇的保护神。

旧时有一本书叫《玉历宝钞》，书中特别描绘了阴间鬼域的情景。酆都大帝所居御殿的右侧，是一座专门接纳含冤屈死者亡魂的"枉死城"，左侧则有"血污池"。"血污池"又叫作"血池地狱"，是阴间著名的一百三十八地狱之一。

什么人死后要堕入血池地狱呢？据《玉历宝钞》等载，其中生前有下列情形者，死后要投入血污池受罪：产妇难产而死，或产后不满二十日便身近井灶，或洗完的内衣裤晾晒在高处和人们通过的道路上空，或产后杀死自己爱吃的鸡鸭等禽畜，要打入此地狱。

很显然，什么产后不满二十日便身近井灶啦，什么洗完的内衣裤晾晒在高处和人们通过的道路上空啦，什么产后杀死自己爱吃的鸡鸭等禽畜啦，并因此要将产妇打入血污池地狱，等等，都是蒙蔽和迷惑无数善男信女的言论。

旧时不少妇女生产，都要祈祷这位夫人，特别是遇到难产，更要祈求池头夫人，希望得到她的拯救和宽恕。即便幸免于难，因为担心将来死后被打入血池地狱受苦，仍要到池头夫人那里去许愿。

池头夫人一般不单独供奉，常在地藏庵和娘娘庙里与其他神明合祀。台北的龙山寺里，池头夫人是与妈祖、注生娘娘在一起，供奉在后殿。龙山寺是台北三大古刹之一，儒释道诸神荟萃一堂，影响很大。

血河大将军

血河大将军，阴间酆都奈河桥与血污池的守护神。

关于重庆丰都县冥府的历史记载不尽相同。某书记道：

重庆丰都县城外三里许，是平都山，道书上所称"七十二福地"之一。山顶有阎罗庙，屋宇巍峨雄伟。传说，人死后必定要到此地轮回。上山的石级路很陡，一路上可以看到"从此登仙""天下名山总真福地"等匾额。临近山顶时，就可以望见大庙上方"幽冥九五"的巨额匾额。到达平都山顶，可见一个洞，洞口一块平整的大石上刻着"酆都殿"三个大字。

据说，这个洞里就是阴曹地府了。

清代康熙年间，酆都县知县何举人曾经进入洞里巡游一回。他见到的阴间冥府是小说描绘的一种景象。

然而，丰都"鬼城"则是人们对阴曹地府的直观化。这里有一座明代蜀献王朱椿（即明太祖朱元璋的第十一子）在半山腰修建的寥阳殿，这是朱椿坐镇四川时在丰都的行宫。

名山寥阳殿前，有并列的三座石拱桥。三座桥均建于平地，大小、形制完全相同。每桥宽仅四尺许，两侧护以雕花石栏，桥面略呈弧形，用青石铺砌，两端各有两级踏道。桥下跨一方形池，池底及桥壁均为条石嵌砌，池内一潭碧水。据资料记载：该桥建于明代洪武年间，为明朝蜀献王朱椿建在寥阳殿前的观瞻物，距今已五百余年。此桥原名"通仙桥"，后被佛教徒改为"奈河桥"。桥下石池称"血河池"。桥下水池也被妄说为"血污池"，暗指血池地狱。

旧时的说法，人死后鬼魂要往阴曹地府去，"奈河桥"

就是进入鬼国的第一道关卡。桥下血河里布满了虫蛇，只有生前安分行善者才能顺利走过桥去，而那些生前作恶之徒，必被打下桥去喂虫蛇。

《西游记》第十回，写唐太宗假死魂游地府时，对奈河桥、血污河有详细描写。书中言道：

那壁厢又有一桥，寒风滚滚，血浪滔滔，号泣之声不绝。太宗问道："那座桥是何名色？"判官道："陛下，那叫做奈河桥。若到阳间，切须传记。那桥下……阴气逼人寒透骨，腥风扑鼻味钻心。波浪翻滚，往来并无渡人船；赤脚蓬头，出入尽皆作业鬼。"诗曰：时闻鬼哭与神号，血水浑波万丈高。无数牛头并马面，狰狞把守奈河桥。

旧时善男信女去丰都拜神时，都要到奈河桥前烧香焚纸，表示虔诚，以求死后神佛保佑过桥。庙内僧尼为了捞钱，每逢庙会期间，故意在青石桥面上涂抹桐油，使过桥的香客，尤其是老人和小脚女人们步履艰难，常常摔倒在桥上，便惶恐地拿钱消灾。这倒增添了奈河桥和血河池的神秘色彩。

与池头夫人不同的是，这里守卫奈河桥和血河池的是位男神，叫"血河大将军"。两侧还有一白一黑两位小神，即日游神和夜游神。

过去，每年农历十月十六日，在丰都奈河桥旁的血河殿，要举办"血河大会"，妇女生男育女，怕污秽神灵，便来此祈祷忏悔。

旧时江南一带曾盛行一种叫作"血河忏"的迷信，这是为因难产而死的产妇超度的一种法事活动。

34

功曹使者

功曹使者是阴间阎王派往阳间或天堂的信使。中国古典小说中，经常描写到功曹使者。

《红楼梦》。其第十三回"秦可卿死封龙禁卫，王熙凤协理宁国府"中写到，秦可卿死后大办丧事，僧道对坛，念经作法。在宣坛之上高挂榜文，上面大书："世袭宁国公冢孙媳……敬谨修斋，朝天扣佛，以及恭请诸珈蓝、揭谛、功曹等神，圣恩普锡，神威远镇"等语。这里的"功曹"，就是阴间的代表神仙。

《金瓶梅》。其第三十九回"寄法名官哥穿道服，散生日敬济拜冤家"，说的是西门庆为官哥在玉皇庙打醮之事。官哥是西门庆与其小妾李瓶儿的儿子，备受宠爱。此醮西门庆极为重视，出巨资，备厚礼，

设斋坛，做法事。这斋坛之上设玉帝牌位，两边还有："监坛神将狰狞，日直（值）功曹猛勇。青龙隐隐来黄道，白鹤翩翩下紫宸。"此处的"功曹"，当是代替神仙值班的神将。

其实，功曹使者就是四值功曹。四值功曹是道教所信奉的值年、值月、值日、值时的四位小神。

功曹本是人间官吏的名称。在汉朝是州郡长官的帮手，有功曹、功曹吏等名目，即是长官的秘书。他们主要的工作是考察记录功劳，掌管功劳簿。后代沿用，到明代才废除。

道教理论家在编织神仙天庭世界时，也给玉帝等高级神明配备了这一官职。

《西游记》。例一。明代吴承恩著《西游记》第五回"乱蟠桃大圣偷丹，反天宫诸神捉怪"里有所记载。孙悟空大闹蟠桃会，反出天庭后，此中言道：

玉帝大恼，既差四大天王，协同李天王并哪吒太子，点二

十八宿、九曜星官、十二元辰、五方揭谛、四值功曹、东西星斗、南北二神、五岳四渎、普天星相，共十万天兵，布一十八架天罗地网下界，去花果山围困，定捉拿那厮处治。

这一场恶战，结果是孙悟空取得了胜利。后来还是请了二郎神，才拿住了孙悟空。不过此中所记四值功曹倒也参加了同孙大圣的战斗。

例二。此后，在《西游记》第三十二回"平顶山功曹传信，莲花洞木母逢灾"里，四值功曹又做了一回传达信使。此中言道：

好大圣，睁开火眼金睛，漫山越岭的望处，却无踪迹。忽抬头往云端里一看，看见是四值功曹，他就纵云赶上，骂了几声"毛鬼！"道："你怎么有话不来直说。却那般变化了，演样老孙？"慌得那功曹施礼道："大圣，报信来迟，勿罪，勿罪。那怪果然神通广大，变化多端。只看你腾挪乖巧，运动神机。仔细保你师父；假若

怠慢了些儿，西天路莫想去得。"行者闻言，把功曹叱退，切切在心。

在这里，四值功曹扮演的是玉帝使者。

第四章

鬼煞部

煞鬼

煞，宗教学上是指鬼魂，称煞鬼，或煞神。据《图解中国道教生死书》载：煞，专指凶神恶魔。清蒋士铨《一片石·访墓》："了不得，了不得，放走了我的煞神了。"《红楼梦》第八十一回："所以知会了营里，把他家中一抄，抄出好些泥塑的煞神，几匣子闷香。"

旧时民间传说，人死之后，在一定时间会魂归故里，这就叫作归煞。北齐颜之推《颜氏家训·补遗》记载："死有归煞，子孙逃窜，莫肯在家，画瓦书符，作诸压胜。"其意是说，人死若干天后，其鬼魂还会返回故宅。子孙亲戚都要离开家躲避。还要画瓦书符，做些法事，压胜镇邪，以求平安。

煞神名声不好，吓人害命，但他们并不像牛头马面小鬼夜叉那样可怕，而是飞禽一类的怪物。唐代人张读《宣室志》中记载的"煞"，乃"一巨鸟，色苍，高五尺余"，是一只五尺多高、苍青色巨鸟样的怪物，飘忽不定，能够自行隐没。

阴阳学认为中了煞的人，皮肤会出现大块血斑、皮疹，肌肉跳动，关节离奇作响及疼痛。

在我国江南一带，还流传过一种"花煞"。这是一种女性煞鬼，喜欢在结婚时捉弄人，专门找新娘做替身。"花煞"并不害人，只是喜欢捉弄人而已。

《子不语》里有一个《煞神受枷》的故事。话说淮安县有个姓李的，做小生意为生，夫妻和睦，相敬如宾。无奈好景不长，结婚不到十年，丈夫得了一种怪病，不到一天就撒手西归了。妻子王氏痛不欲生，把丈夫的棺木停放在内室，不许人钉上。一天要打开好几次，对着遗体哭天抢地。

不知不觉，七天到了。民间传说，人死七天后，煞神要押着死者的灵魂回家一次，称为"迎煞""回煞"，家里人照例要回避。要冲撞了煞神，难保活命。可王氏这天说什么也不肯避开。大家劝不过，天一黑就退到外房去，留下王氏一人在屋中。

王氏哭得累了，靠在床上，放下帐子，长吁短叹。约莫二更时分，忽然吹来一阵阴风，令人毛骨悚然。王氏正在惊疑，只见一鬼，红红的头发，滚圆发亮的眼睛，身高一丈多，一只手拿着把铁叉，一只手拿根绳子，绳子一头牵着她丈夫，从窗户外跨进屋子，仿佛毫无阻碍。那鬼进屋后，见棺材前供有酒菜，就放下叉子，松开绳子，坐在地上，大吃大喝起来。她丈夫愁眉苦脸地在屋内踱步，不断发出长叹。

王氏惊得呆了。想叫丈夫，可喉咙似乎被卡住一样，怎么也叫不出来。又见丈夫走到床边，掀开帐子往里看。王氏这时不知从哪里来的勇气，扑过去一把抱住丈夫，哇的一声哭出声来。她丈夫闻声渐渐化作一团冷气，王氏急忙拖过被子，把还未化尽的丈夫裹了起来。红发鬼见状，来抢被子。王氏大叫"救命"，在外房守夜的亲友急忙破门而入，红发鬼急忙逃走。王氏告诉大家事情的经过，把被子放进棺材里，尸体渐渐暖了过来，有了气息，又灌了些米汤，到天亮，安好如初。再看红发鬼丢下的铁叉，原来是纸糊的。

又过了二十多年，王氏的丈夫才死去。有一天，王氏到城隍庙去烧香，迷迷糊糊见到有二个兵丁押着一个带着枷的囚犯经过。细细一看，那囚犯正是当年见到的煞神红发鬼。煞神认出了王氏，大骂道："我因为贪嘴，上了这婆娘的当，被枷号了二十多年。今天见到你，绝不放过！"王氏回到家里就去世了。

煞神也有玩忽职守的时候。一旦玩忽职守，也要受到惩治。

瘟神

36

一作"疫神",或作"瘟鬼""疫鬼"。中国古代神话降瘟之神,即散播瘟疫的恶神。

中国古代每逢瘟疫,人民生命财产遭受极大损失,朝廷往往束手无策,坐以待毙。据史书片断记载,可以略知一二。

三国: 魏国建安二十二年(217)冬天,北方发生疫病。曹植《说疫气》道:"建安二十二年,疠气流行,家家有僵尸之痛,室室有号泣之哀。或阖门而殪,或覆族而丧。"

晋朝: 晋惠帝光熙元年(306):"宁州频岁饥疫,死者以十万计。"

唐朝: 唐代宗广德元年(763),江东大疫,"死者过半"。"辛丑岁(762),大旱,三吴饥甚,人相食。明年大疫,死者十七八,城郭邑居为之空虚,而存者无食,亡者无棺殡悲哀之送。大抵虽其父母妻子也啖其肉,而弃其骸于田野,由是道路积骨相支撑枕藉者弥二千里,春秋以来不书。"

宋朝: 南宋德佑元年(1275)六月,常州等城为元军占领,城内居民四处逃窜,"民患疫而死者不可胜计"。

金朝: 金末年哀宗正大九年(1232),汴京(开封)疫病大起,"都人不受病者万无一二,既而死者继踵不绝"。当时汴京有城门十二座,每日各门送出死尸多达二千具。

元朝: 至大元年(1308)春,绍兴、庆元、召州大疫,死者二万六千余人。

1344年,中国淮河流域爆发黑死病,河北商人再沿"丝路"将之传到印度、叙利亚、美索不达米亚等地。同时期蒙古人西征时,将染疫尸体用投石机投入城中,由此散布病毒至欧洲各处,造成1347年欧洲瘟疫大流行。

明朝: 万历八年(1580),"大同瘟疫大作,十室九病。传染者接踵而亡,数口之家,一染此疫，十有一二甚至阖门不起者"。崇祯十六年八月，天津爆发肺鼠疫："上天降灾，瘟疫流行。自八月至今（九月十五日），传染至盛。有一二日亡者，有朝染夕亡者，日每不下数百人，甚有全家全亡不留一人者。排门逐户，无一保全。"

清朝：光绪二十年(1894)，鼠疫曾发现于香港，后即酿成疫疠，流行于世界。光绪二十八年（1902）六月，京津地区爆发霍乱，死亡超过一万人。

瘟疫还曾跨洲流行。瘟疫，最常见的是鼠疫，又称黑死病，有腺型、肺型和败血症型三种，在人类历史上有过三次跨洲际的传染力。最早在《旧约》中已出现类似鼠疫侵袭亚述军的记载。首次的大流行发生于公元六世纪，疫情持续了五十多年；第二次于十四世纪欧洲爆发"黑死病"。发病者一至三日之内死亡，大约死亡一千七百万至两千八百万人，死亡人数占欧洲人口的四分之一以上，意大利、英国死者半数。据称是由中国商人和蒙古军队传入。第三次鼠疫大流行始于1860年，正值中国清朝后期。

面对猖狂的瘟疫，古人无能为力。他们以为瘟疫是瘟神、瘟鬼所为，是瘟神惩罚人类的手段。古人甚至认为，瘟神是人死后变化而来，而且是五帝之一的颛顼的儿子死后变化而成的：

东汉蔡邕《独断》言道："帝颛顼有三子，生而亡去为鬼：其一者居江水，是为瘟鬼；其一者居若水，是为魍魉；其一者居人宫室枢隅处，善惊小儿。"晋朝干宝《搜神记》言道："昔颛顼氏有三子，死则为疫鬼。一居江水，为虐鬼；一居若水，为魍魉鬼；一居人宫室，善惊小人儿，为小鬼。于是，正岁命方相氏，帅肆傩（nuó）以驱疫鬼。"

这是说，在五帝时代就已经出现了瘟神疫鬼。五帝即黄帝、颛顼、帝喾、唐尧、虞舜，约在公元前26世纪—前21世纪，距今已有四千年的历史了。而这些瘟神的源头却是五帝之一的颛顼，他的三个儿子居然都是疫鬼，即虐鬼、魍魉鬼和小鬼。当时的办法是用傩神来驱逐疫鬼，也是没有办法的办法。

37

五瘟使者

五瘟使者，又称五瘟神、五瘟使，为道教所奉瘟神。他们起初是传说中能散播瘟疫的恶神，后来又演变成为保护人类的善神。

他们分别是：总管中瘟史文业、春瘟张元伯、夏瘟刘元达、秋瘟赵公明和冬瘟钟仕贵。据传这五位瘟神能掌握五方瘟疫，使之不得侵犯人间，保佑人们一年四季不染瘟疫，幸福安康。

五瘟使者的传说始于隋代。

据《三教源流搜神大全》卷四"五瘟使者"载：

昔隋文帝开皇十一年(591)六月内，有五力士现于凌空空中三五丈，于身披五色袍，各执一物。一人执杓子并罐子，一人手执皮袋并剑，一人执扇，一人执锤，一人执火壶。帝问太史居仁曰："此何神，主何灾福也？"张居仁奏曰："此是五方力士，在天上为五鬼，在地为五瘟。名曰五瘟：春瘟张元伯，夏瘟刘元达，秋瘟赵公明，冬瘟钟仕贵，总管中瘟史文业。如现之者，主国民有瘟疫之疾。此为天行时病也。"帝曰："何以治之而得免矣？"张居仁曰："此行病者，乃天之降疾，无法而治之。"于是，其年国人病死者甚重。

这是说，天降五瘟使者，散布瘟疫，大难当头，病灾难免，人力无法抗拒，所谓"无法而治之"。果然，当年大病流行，"国人病死者甚重"。

此时，隋文帝乃立祠，于六月二十七日，诏封五方力士为将军：黄袍力士总管中瘟史文业封为感威将军，青袍力士春瘟张元伯封为显圣将军，红袍力士夏瘟刘元达封为显应将军，白袍力士秋瘟赵公明封为感应将军，黑袍力士冬瘟钟仕贵封为感成将军。此后，隋唐规定五月五日为祭祀之日。

五瘟使者，《三教源流搜神大全》，清宣统元年叶德辉校刊本

唐朝袭隋制奉祀五瘟使者。

相传匡阜真人曾将五瘟神收为部将，也有传说文昌帝君在敕法台曾降服五瘟，专司“收瘟摄毒、扫荡污秽”之职，保佑人畜兴旺，五谷丰登。后道教将其衍化为在教瘟神，因此文昌被尊为瘟祖，五瘟也被尊为瘟神。乾隆四十四年(1779)，七曲山大庙始崇祀瘟祖，举行秋祭，于是兴起了八月秋季庙会。

38 八部鬼帅

元明时有八部鬼帅，各领鬼兵亿万数，周行于人间。据《列仙全传》记载：

> 时有八部鬼帅，各领鬼兵，动亿万数，周行人间。刘元达领鬼行杂病，张元伯行瘟病，赵公明行下痢，钟士季（钟仕贵）行疮肿，史文业行寒痢，范巨卿行酸瘠，姚公伯行五毒，李公仲行狂魅赤眼。虚毒啸祸，暴杀万民，枉夭无数。

这是说，元明朝时，有八部鬼帅兴风作浪。他们分别率领鬼兵亿万多，施放瘟病，祸乱人间。刘元达率领鬼兵施放杂病，张元伯施行瘟疫，赵公明施行痢疾，钟仕季施行疮肿，史文业施放寒痢，范巨卿施行酸瘠，姚公伯施行五毒，李公仲施行狂魅赤眼。一时间，瘟病流行，风声鹤唳，暴杀万民，死亡枕藉，枉死无数。

除以上八部鬼帅外，传说还有七大瘟神。在许仲琳著《封神演义》第九十九回“姜子牙归国封神”中，写到了七大瘟神。

此回说，姜子牙回到天国，进入玉虚宫，求见元始天尊，请其为阵亡的忠臣孝子及遭劫的神仙，早早封其品位，使其游魂有依，悬望得归。

元始天尊，又名“太上盘古氏玉清元始天尊”，亦称盘古大帝、玉京大天尊、太上道尊，是道教公认的最高神祇，道教最尊的天神。在道教最高尊神"三清"之中位列第一。元始天尊在道经中的出现比太上老君迟，但地位最高。南朝梁陶弘景编撰的《真灵位业图》中，元始天尊为第一中位之神。得到元始天尊的封位是各路神仙的终极理想。

元始天尊在大封各路神仙的同时，亦下令亲封了七位瘟神。小说写道：

少时清福神引吕岳等至台下，跪听宣读敕命。只见惨雾凄凄，阴风习习。子牙曰："今奉太上元始敕命：尔吕岳潜修岛屿，有成仙了道之机，误听妾菲，动干戈杀戮之惨，自堕恶趣，夫复何戚！特敕封尔为主掌瘟瘴昊天大帝之职；率领瘟部六位正神，凡有时症，任尔施行。尔其钦哉！"

这瘟部六位正神就是：

东方行瘟使者周信

南方行瘟使者李奇

西方行瘟使者朱天麟

北方行瘟使者杨文辉

劝善大师陈赓

和瘟道士李平

瘟瘴昊天大帝吕岳，率领六位瘟神，替元始天尊剿灭时症去了。

39

丧门神

丧门神是阴间的一种凶煞。丧门神又叫"丧门星""丧门"。比喻给人带来晦气的人。丧门本是丛辰名。所谓丛辰是古代星象术士们的迷信说法，即以阴阳五行配合岁、月、日、时，附会人事，造出许多吉辰（星）、凶辰名，叫丛辰。

星相家认为一岁十二辰皆有善神和凶煞。善神降临则有福，凶煞降临则有祸。丧门是凶煞之一，丧门临户，家人必有凶险之事。

丧门神犹如勾死鬼。清代

蒋士铨《临川梦·说梦》言道："羞答答丧门神，一把儿冰肌玉骨；笑嘻嘻勾死鬼，两行儿红粉金钗。"这里将丧门神和勾死鬼相提并论，他们是一路货色。

"丧门神"亦指水浒好汉鲍旭。鲍旭，《水浒传》中的人物，原来是枯树山上的强盗。李逵和焦挺路途中相识后，联合鲍旭攻打凌州。鲍旭很有些本事，江湖称其为"丧门神"，手下有五七百喽啰，二三百匹战马。

他早就听说梁山泊的威名，李逵、焦挺前来游说，他带着人马欣然投靠梁山。鲍旭上梁山后被封十七员步军将校第二名。他铸造一柄加长的重剑，上阵杀敌是李逵的得力助手，堪称小李逵，梁山第六十条好汉。他跟随宋江征讨方腊时，在突入杭州城时，被躲在一旁的南离大元帅石宝砍为两段。李逵痛失臂膀，伤心不已。

吊客

40

凶神恶煞，主有疾病哀泣等事。

《协纪辨方书》记道：

《纪岁历》："吊客者，岁之凶神也。主疾病哀泣之事，常居岁后二辰。所理之地不可兴造及问病寻医吊孝送丧。"

元代武汉臣《玉壶春》第三折："问甚么撞着丧门，管甚么逢着吊客，怕甚么月值年灾，拼死在莺花寨（指妓院）。"明代无名氏《庞掠四郡》第三折："坐衙处撞着太白，犯着吊客，把一坐受官厅，生扭做大市街。"明代无名氏《打董达》第三折："遇着这箇泼无徒，你今日合身丧。者莫是天生吊客，铁打的金刚。"

迷信说法，认为碰到恶鬼凶煞会带来祸患。但是，民间也有一些不怕鬼、不惧邪的故事。据说杭州人丘大胆就是一个不怕鬼的好汉。丘大胆自青年起就行走江湖，贩运布匹有一天，他出门讨债，错过了宿头。好不容易找到一家乡村旅店，却又客满。好说歹说，店主给他找了一个住处，但告诉他这里经常闹鬼。丘大胆偏不信邪，就住了下来。

半夜，丘大胆感到屋里太热，就坐在门外纳凉。正是初五初六，冷风飒飒，阴气袭人。忽然，丘大胆见到远处有人影掠过。他仔细看去，竟然是人影一个个跳过，一数竟有十二个。她们跳过一会儿，就走到丘大胆跟前。原来是一群妙龄女郎。她们搔首弄姿，好像嫦娥下凡。丘大胆知道她们是鬼魂，但并不害怕，端坐不动，静静地看着。鬼魂见丘大胆无动于衷，就变换花样。二鬼蹲下，一鬼登上她们肩头，其他九鬼依次登上去。最后一鬼高高在上，犹如杂技叠宝塔。丘大胆见状，依然不为所动。众鬼于是各人拿出一只大圈子，一齐套在颈上，头发刷的一声散开，一个个拖出一尺多长的舌头，啾啾地尖叫，狰狞恐怖。

丘大胆居然哈哈大笑，说道："你们原来那么漂亮，现在如此恐怖。我立身持正，看你们最后能变成什么！"鬼听后，一看吓不住他，就都大笑起来，恢复原形，一哄而散。

有道是，丘大胆胸有正气，即便碰到了鬼魂吊客，只要立身持正，就能使邪不压正，战胜一切妖魔鬼怪。

第五章

鬼卒部

黑白无常

无常是所谓阴间的低级小鬼。有黑无常和白无常之分。黑无常头戴黑高帽，身穿黑长袍，手拿一条铁索。高帽上写着"见吾死哉"，或"你也来也""天下太平"；白无常头戴白高帽，身穿白长袍，手拿一把芭蕉扇。高帽上写着"见吾生财"，或"一见生财""一见生喜"。看起来，黑无常是很讨厌的，而白无常却有搞笑的意味。据说，两个无常是有分工的。黑无常管绑人，白无常管拿逮捕证。

佛教有无常使者的记载。据《十王经》，阎王派遣三名阎魔卒去追魂夺命，一名夺魂鬼，一名夺精鬼，一名缚魄鬼。这三名小鬼，就是无常使者。他们的任务就是追命夺魂。据说，活人见到他们，也就没命了。

清朝袁枚《子不语》内有一篇《勾魂鬼》，描写了勾魂鬼如何勾魂。苏州人余大，是个斗蟋蟀的玩家。有一天，他到城外捕捉蟋蟀，忘了回家。等到想起回家时，城门已经关闭。正在他彷徨无计时，来了两个好心人。他们穿着黑色衣服，厚底鞋子，走在石板路上，橐橐作响。他们热情地邀请余大到家里住一晚。余大道谢过，就去了他们家。他们走进了一座宅院，又进了一间屋子。然后，饮酒吃菜，高谈阔论。到了五更天，两人互相使了个眼色，就从靴子里抽出一纸文书，对余大说："请你对这纸哈口气。"余大不知何意，笑着照办了。二人跳了起来，忽然变得一丈多高，面目狰狞，手像鸡爪一样，隐入墙中，倏忽不见。随即听见隔壁哭声骤起，病人咽气了。余大这才明白是碰到勾魂鬼了，那文书是冥府的名单。只是这次，他们勾的是隔壁病人的魂，不是余大的魂而已。当然，他们勾谁的魂是根据事先准备的名单。这里所描写的两个黑衣人，就是无常了。

无常的形象已经定型。他们素衣高帽，头披长发，口吐长舌，脚穿长靴，走路是一跳一跳的。这是人们想象出来的无常造型，很有特点。

重庆丰都鬼城的玉皇殿背后，有一座无常殿。殿内的塑像有无常、无常娘娘和保山大王。

牛头马面

42

牛头马面是所谓阴曹地府的鬼卒。他们有着奇特的造型。牛头鬼，是牛头人身；马面鬼，是马面人身。在阴界他们是数量最大的一群。有的佛经上说，阿鼻地狱中，"狱卒数万余人，总是牛头马面"。可见，他们的数量之多了。在神魔小说、志怪笔记和妖魔戏剧中，我们总可以看到牛头马面的身影。他们有时是类似于戏剧当中小丑一样的角色，很受观众或读者的喜爱。

牛头马面是有来历的，来自佛教。牛头又叫阿傍、阿防。《五苦章句经》说："狱卒名阿傍。牛头人手，两脚牛蹄，力壮排山，持钢铁叉。"可见，狱卒阿傍就是牛头鬼的雏形。至于为什么他变成了如此模样，是因为在阳间他不孝顺父母，死后就变成了牛头人身的鬼卒。这一说法，出自《铁城泥犁经》。

马面又叫马头罗刹。罗刹为恶鬼，故马头罗刹即马头恶鬼。他与牛头是老搭档，是可爱的一对。他们在阴间的地位，有如人间的衙役，如小说、戏剧中衙门里的张千、李万、董超、薛霸等。

清朝袁枚写了一个牛头马面知恩必报的有趣故事。这个故事的篇名叫《洗紫河车》，载在袁枚的笔记小说《子不语》上。

话说四川丰都县皂隶丁恺，持文书往夔州投递，须过鬼门关。至阴阳界碑下，不觉走出界外迷了路，只好放任而行。至一古庙，神像剥落，其旁有牛头鬼塑像，蒙灰丝蛛网而立。丁恺见庙中无僧，便以袖拂去牛头身上尘网。

又走二里许，见一妇人临河洗菜。离近细看，竟是亡妻。妻见之大惊，问其从何而来。丁恺相告，又询问亡妻情况。亡妻说："妾亡后，为阎罗王隶卒牛头鬼所娶。所洗者，即世上胞胎，俗名'紫河车'。洗十次者，生儿清香且贵；洗三次者，中常之人；不洗者，昏愚之人。阎王以此事分派诸牛头管领，我代夫洗之。"丁恺问妻子："可使我还阳否？"妻说："待与新夫商之。"遂邀至其家。

不久，外面敲门。丁惧，伏床下。妻开门，牛头鬼入，曰："有生人气！"妻拉出丁，

叩头，告之故，代为哀求。牛头说："这个人不单因是妻之前夫我才救他，实为他有德于我。我在庙中蒙灰满面，此人为我拭净，是个好人。我明日去判官处偷查生死簿，便知如何。"

次日牛头出，及暮归，高兴地贺道："已查，汝阳寿未终，明天我正好出差，送你出界。"又拿过一块腐肉，道："以此赠汝，可发大财。"解释道："此河南富人张某身上肉。张有恶行，阎王擒而钩其背于铁锥山。半夜肉溃，逃脱。现在阳间，患发背疮，千医不愈。汝往，将此肉研碎，敷之即愈，必得重酬。"丁恺拜谢，遂同出关，牛头即不见。

后丁恺至河南，果有张姓财主患背疮，照方医治痊愈，酬之五百金。

小说生动逼真地塑造了一个很有人情味的牛头鬼形象。袁枚明写阴界的鬼，实是暗衬阳界的人。他在提倡一种浓厚的人性。

现在，某些寺庙里，还可以看到牛头马面的塑像。

夜叉

43

印度神话中一种半人半鬼的小神灵。

梵文的音译，亦作"药叉""阅叉""夜乞叉"等，意译"能啖鬼""捷疾鬼"等。

重庆市丰都鬼城
夜叉鬼像

其父母说法不一。其父一说补罗娑底耶，一说迦叶波，一说补罗诃，一说是从梵天脚中生出。其母一说是财神俱毗罗的随从，一说是毗湿奴的随从。

佛教说他是好神仙，被列为天龙八部之一。天龙八部是指天众、龙众、夜叉、阿修罗、迦楼罗、乾闼婆、紧那罗、摩呼罗迦等八类佛教的护法神。部，在这里是门类、类别之意。八部，是八个类别。天龙八部因以天众和龙众为首，故称天龙八部。

天龙八部是维护佛教尊严的好神仙。夜叉是其中之一。夜叉的本义是能吃鬼的神，又有敏捷、勇健、轻灵、秘密的含义。夜叉的种类多，有地夜叉、虚空夜叉、飞行夜叉，还有巡海夜叉等。夜叉的数量大，北方昆沙门天王手下有夜叉八大将。佛教还有十六大夜叉将。每一位大夜叉将属下各有七千小夜叉，合起来就有十万个夜叉。夜叉八大将的任务是维护众生界,是好夜叉。

地狱迷信流传以后,夜叉又成为阴间的小鬼。他们在地狱中充当起施行刑法的鬼卒,是吃人的恶魔。他们的形象:身形高大,双手如爪,头如驴,目光炯炯。

但在小说家笔下,夜叉也有善良的。清代小说家蒲松龄《聊斋志异》中的《夜叉国》写到了众夜叉,他们也有人性温存的一面。书中写道:

(徐郎)至一大洞,广阔数亩。中有石,滑平如几,四围俱有石坐,上一坐蒙一豹革,余皆以鹿。夜叉二三十辈,列坐满中。少顷,大风扬尘,张皇都出,见一巨物来,亦类夜叉状,竟奔入洞,踞坐鹗顾。群随入,东西列立,悉仰其首,以双臂作十字交。大夜叉按头点视,问:"卧眉山众,尽于此乎?"群哄应之。顾徐曰:"此何来?"雌以"婿"对。众又赞其烹调,即有二三夜叉,奔取熟肉陈几上,大夜叉掬啖尽饱,极赞嘉美,且责常供,又

顾徐曰:"骨突子(骨质项链)何短?"众曰:"初来未备。"物于项上摘取珠串,脱十枚付之,俱大如指顶,圆如弹丸。雌急接,代徐穿挂。徐亦交臂作夜叉语谢之。物乃去,蹑风而行,其疾如飞。众始享其余食而散。

话说交州姓徐的商人,进行海上贸易。一次,商船被大风吹到一座深山脚下。他弃船登山,见到两崖满是洞口,密如蜂房。他攀爬到洞外,不料看到了两个夜叉。夜叉牙森列戟,目闪如灯。它们正用爪劈杀活鹿生吃,场面令人惊恐,他吓得魂飞魄散,急欲逃走。不想,已经被夜叉发现,两夜叉抓住徐商,想要吃他。徐郎急中生智,赶忙拿出囊中的干粮以及牛肉干,献给它们。夜叉很快吃完,又跟徐郎要。徐郎示意道:"放了我,我船上有炉子和锅,可以煮熟东西吃。"夜叉似懂非懂,就放了徐郎。徐郎回到船上,取来锅具,点燃柴火,煮上残鹿。待

鹿肉煮熟后，献给夜叉。夜叉吃了煮熟的鹿肉，感到味道极美，就将徐郎囚禁在洞内。第二天，二物外出，抓来一鹿，让徐郎煮熟。徐郎将鹿剥皮切割，取水煮鹿，鹿大锅小，煮了好几锅，才把鹿煮好。此时，又来了几个夜叉，他们将煮熟的鹿肉争食完毕。

就这样，徐郎在此住了下来，逐渐走入了夜叉国的生活。他甚至有机会见到了夜叉国的国王。

徐郎一住四年，其间和一个母夜叉结为夫妻。一日母夜叉忽然生产，一胎生下三子，二雄一雌，皆人形，不像他们的妈妈。他们共同抚养三个孩子。一天，只有徐郎在家，其余都出外觅食。忽然来了一个别洞的母夜叉，要强迫同徐郎有私。徐郎不肯，那母夜叉竟然动起手来。此时，恰好徐妻归来，她同这个母夜叉打了起来。最后，这个不知好歹的母夜叉，被其闻信赶来的丈夫领回去了。

经此变故，徐妻决心守在徐郎身边，动息不相离。又过了三年，徐郎想念故乡，就携带一子偷偷地乘船回到了交州。其子能举百钧。交州军队统帅见而奇之，命他做了千总，后来升为副将。

小说结局是圆满的。经过千辛万苦，长子徐彪终于将夜叉国的三位亲人接到了交州。小弟徐豹聪慧异常，进武进士第，聘阿游击女。小妹徐夜儿嫁给袁守备，能百余步射中小鸟，陪同丈夫亲征。母亲尝跟从儿子南征，披甲执锐，诏封夫人。

母夜叉嫁给了人类，生下三子，皆人生圆满。夜叉国也是一个良性的国家，夜叉也具有人性。

蒲松龄评道："夜叉夫人，亦所罕闻。然细思之，家家床头有个夜叉在。"这是蒲松龄开的一个玩笑。

罗刹

44

罗刹鬼是地狱中的第一恶鬼，印度神话中的恶魔，数量很大。梵文的音译，亦称"罗刹娑""罗叉娑""阿落刹娑"等。意思是"暴恶""可畏"。女罗刹称罗叉私。

最早见于《梨俱吠陀》，相传原为印度土著民族名，雅利安人征服印度后，污蔑罗刹族人凶恶可怕，于是"罗刹"成为恶人的代名词，使罗刹演变为恶鬼。

罗刹由部族民众演变为"恶鬼"以后，其形象也变得凶恶可怕。据《梨俱吠陀》，罗刹常作种种形象，如犬形、秃鹫形及其他种种鸟形，又可变为兄弟、妻子、丈夫等形，穷凶极恶，残害人命。有的罗刹以人肉、马肉、牛乳等为食。后被佛教吸收，但其恶鬼本性未变，仍为恶鬼。慧琳《一切经音义》卷二十五："罗刹此云恶鬼也，食人血肉，或飞空或地行，捷疾可畏也。"

罗刹还分为男女。男罗刹为黑身、朱发、绿眼，鬼模鬼样；女罗刹又叫罗刹女，模样却是绝色美人。

清代蒲松龄《聊斋志异》中的《罗刹海市》就创作了一个富有人情味的罗刹国。却说中国有一个青年叫马骥，是商人之子，长相俊美，有"俊人"的绰号。他继承父志，仍然从商。一次出海贸易，被大风吹到了一个大都会。这里的人长相奇丑，但他们习以为常，不觉得自己丑。突然见到了帅小伙马骥，从来没有见到过这样的美少年，以为他是一个妖怪，都吓跑了。马骥起初见到这般模样凶恶的丑类，非常害怕。后来发现他们居然害怕自己，就壮起胆子行动起来。看到有人在吃饭，马骥就奔跑过去，他们吓跑了，马骥就把剩余的食物吃掉了。

久而久之，马骥开始接近山村。一天，马骥在大树下休

罗刹天

息，村里人不敢靠前，远远地看着他。慢慢地，感觉马骥不是一个吃人的家伙，于是，就试探着与马骥搭话，马骥也笑着同他们说话。他们的语言同中国不同，但大半可以明白。马骥趁机说明自己是从中国来的，不是妖怪。村里人大喜，就告诉别处的人，说客人不是吃人的妖怪。但是，模样奇丑的人还是不敢靠前，只是口鼻长相与马骥类似的人才敢靠前说话。他们捧来酒浆同马骥共饮。

一来二去，马骥同他们混熟了，就问道："这是什么国家？"他们答道："是大罗刹国，都城在北方，离此三十里。"第二天，马骥跟随村人来到了大罗刹国的都城。都城的城墙由黑石造成，楼阁近百尺。楼顶覆盖的不是瓦片，而是红石。从残砖上看，其实红石就是由红色的沙子凝结而成。此时正逢大海退潮，朝廷有大官出来。村人指着说："这位是宰相。"一看，这个人一双耳朵长在后背上，鼻子有三个空洞，睫毛像门帘一样盖在眼睛上。后来，又看到了大夫等官，模样怪异，然而，职位愈低，模样愈好。

观看了一会儿，马骥就回来了。路过街道，人们望见他，以为怪物来了，纷纷狂呼逃奔。村人见状，百般解释，市人始敢远远地站着观看。

后来，有一位早年出使过异国的执戟郎，一百二十岁了，高兴地宴请马骥。马骥应邀赴宴。席间，有女演员十余人，轮番跳舞。她们的相貌很像夜叉，都用白色锦缎缠头，长长的红色绣袍拖在地上。伴唱的不知是什么词句，腔调诡异。执戟郎自豪地问道："中国也有这么美妙的音乐吗？"马骥答道："有啊！"

后来，马骥见到了国王，得到国王的赏识，被任命为下大夫。久之，受到百官的嫉妒，马骥遭到孤立。马骥借故请假回到山村，村人十分欢迎他。

再后来，马骥居然进入海市蜃楼，从而到达龙宫，并拜谒了龙王。龙王将其召为驸马，等等，不再赘述。

小说描写的罗刹国并不是充满狰狞恐怖的鬼国，相反从国王到百姓，都洋溢着浓浓的人情味。也许，蒲松龄在人间没有看到多少人性的东西，就将自己的希望寄托在空想里了。

孟婆神

45

孟婆神是地狱中专管消除鬼魂记忆的神灵。

《阎王经》说，各类鬼魂在各殿依次受苦后，最后押解到第十殿交给转轮王。到了第十殿，先押给孟婆神。孟婆神就将特制的迷魂汤灌入其口中，使他忘记前生之事。然后，再托生到阳间。

托生的具体过程，清人王有光《吴下谚解·孟婆汤》记载道：

人死去第一处是孟婆庄。诸役卒押从墙外经过，赴内案完结。生前功过，注入轮回册内，转世投胎，仍从此庄行过。

有老妪留进，升阶入室。皆朱栏石砌，画栋雕梁，珠帘半卷，玉案中陈。妪呼女孩，屏内步出三姝：孟姜、孟庸、孟戈，皆红裙翠袖，妙常笄，金缕衣，低唤郎君，拂席令之坐。

小鬟端茶，三姝纤指捧瓯送至，手镯丁丁然，香气袭人，势难袖手。才接杯便目眩神移，消渴殊甚，不觉一饮而尽。到底有浑泥一匙许，抬眼看时，妪及三姝皆僵立骷髅。华屋雕墙，多变成荒郊。生前事一切不能记忆。一惊堕地，即是懵懂小孩矣。

此茶即孟婆汤，一名泥浑汤，又名迷魂汤。

原来脱胎的过程还是很美好的。管理脱胎的除老妪孟婆神外，还有三位靓丽的美女。在她们的导引下，鬼魂如饥似渴地将迷魂汤一饮而尽，从而，忘却前尘，脱为新人。

那么，孟婆神是从哪里来的呢？

据《玉历宝钞》记载，孟婆神生于西汉(前202—公元8)，幼读儒书，壮诵佛经。凡有过去之事不思，未来之事不想。在世只是劝人戒杀吃素。活了八十一岁，鹤发童颜，终是处女。只知道自己姓孟，人们就称她为"孟婆阿奶"。她入山修真，直至东汉(25—220)。世人有能知道前世因缘的，唐突妄认前生亲眷，拨弄智慧，泄露阴间机密。因此，天帝敕命孟氏女为幽冥之神，建造一座高台，选准鬼吏使唤，采取世俗药物，合成似酒非酒之汤，分为甘、苦、辛、酸、咸五味。诸魂到达第十殿，转世之前派饮此汤，使其忘却前尘往事。如有刁滑鬼魂不肯饮者，令以铜管刺喉灌吞。

四十种鬼

46

《正法念经》归纳出地狱的四十种鬼:

一、镬身饿鬼

又名镬汤鬼。被下油锅或在开水锅里煮。镬(huò),指古代的大锅,代指古代残酷的刑具。因为他们生前曾以杀生为生,包括刽子手和屠夫之类;还有些是因为生前有人托他寄存财物,他见财起意,拒不归还。

二、针口饿鬼

又名针口臭鬼。此鬼的咽喉食管如针尖一样细小,吞咽困难。饕餮美味,他们只能看,不能吃。一天饥肠辘辘,饥渴难熬。这是因生前雇凶杀人所致的。

三、食吐鬼

此鬼吃喝不畅,吃喝后立即吐出。这大多数是妇人的报应。往往是前夫乐善好施,规劝妇人施舍钱财,但妇人异常吝啬,见死不救。

四、食粪鬼

此鬼只能食粪。前生为人妻,对丈夫漠不关心,自己常常私下偷食,让丈夫食不果腹,忍饥挨饿。

五、食火鬼

此鬼饥渴时所食食物立即化为烈火。烈火烧得该鬼鬼哭狼嚎,痛不欲生。前生曾经坏事做尽,令人饿死,甚或造成饿殍遍野,尸骸遍地。

六、食气鬼

此鬼常感饥饿,但不能吃喝。前生自己独吃独喝,不顾家人,更不顾外人。

七、食法鬼

此鬼极为特殊,他不食物质,单靠精神过活。他平素饥渴难耐,消瘦异常,但任何物质都不能下咽,只能靠听僧人说法略解饥渴度日。这是因为他生前不讲说佛法,只顾赚钱所致。这是对空口说白话、骗人钱财的恶人的惩罚。

八、食水鬼

此鬼总是处于焦渴状态,

拼命喝水也不能缓解。前生曾经以烈酒骗人上当，或不持斋戒。

九、希望鬼

此鬼平常总是饥渴难耐，但不许他吃喝，只有在祭祀时才给他一点吃喝。因为他生前从商时费尽心机，巧取豪夺，非法经营，牟取暴利。

十、食唾鬼

此鬼只能吃喝人的唾液和肮脏的东西。据说，因为他生前以肮脏的食物打发乞食的僧人所致。

十一、食鬘鬼

鬘（mán），形容头发美，此处代指鲜花。"华鬘"，指用鲜花编制成的装饰物。此鬼只能吃祭祀时的鲜花，不得吃食物。因为他生前曾经盗用装饰佛像的"华鬘"来打扮自己。

十二、食血鬼

此鬼只能在祭祀时，吃些带血的祭品。这是因为前生自己宰杀牲畜，独吃独喝，而不给家人妻子儿女吃。

十三、食肉鬼

此鬼只能吃祭祀时的杂肉，不能吃别的食物。因为他生前为屠夫，将动物肢解贩卖，并常常缺斤短两，或挂羊头卖狗肉，欺骗顾客。

十四、食香鬼

此鬼只能以烟香为食，不许吃别的食物。因为其生前以劣质香烛欺蒙香客，骗取钱财。

十五、疾行鬼

此鬼只许吃肮脏的东西，吃进之后，突然全身起火，烧得死去活来。他疾行如飞，来无影，去无踪。这是因为他们生前为僧人，身着法衣，四处化缘，假说为人治病，骗吃骗喝。这是僧人不守戒律的报应。

十六、伺便鬼

此鬼以食用他人排泄的秽气而存活，浑身的毛发常常自燃，痛苦异常。此因其生前诈骗钱财，不干正事。

十七、地下鬼

此鬼或称黑暗鬼。他们眼睛看不见东西，只许住在布满毒蛇的黑暗地方，被毒蛇撕咬，叫声凄厉，痛苦不堪，凄惨万分。此因他们生前都是贪官污吏，榨取民脂民膏，作恶多端，害人性命。

十八、大力鬼

在阴间以出卖力气为生。生前虽有大力，但因缺乏头脑，常因此被役使或招来祸患。或拐卖人口，或偷盗钱财，是有力气而无智慧的愚氓。

十九、炽燃鬼

此鬼常无缘无故浑身着火。他们被烧得哭天抢地，痛苦异常。这是因为其生前或为官兵，或为流寇，攻城略地，滥杀无辜，手上沾满鲜血。此鬼即使再次投生为人，也还要遭人抢掠，已堕万劫不复之地。

另一说法，此鬼生前好对身边之人滥发无名火，死后便受到惩罚，变成炽燃鬼。此鬼经常烈火中烧，极为痛苦。

二十、伺婴儿便鬼

此鬼以食婴儿大小便为生。他们为非作歹，常加害于婴儿。因其生前曾经杀害婴儿，拐卖婴儿，作恶多端，死后遭到报应。

二十一、欲色鬼

此鬼混迹于人间，与人类交合，靠兴妖作怪为生。此类鬼生前多行淫乱，靠出卖色相为生。

二十二、住海渚鬼

渚（zhǔ），水中间的小块陆地。海渚，即海中间的孤岛。此鬼只能住在大海孤岛上，风吹雨淋，严寒酷暑，遭受非人的折磨。因为其生前曾于旷野之上，见死不救，巧取豪夺，落井下石，害人性命。

二十三、阎罗王执杖鬼

此鬼专供阎罗王役使，执杖奔走。其生前皆谄媚国王，阿谀逢迎，弄权窃国，多行不义。

二十四、食小儿鬼

此鬼常以小儿为食。其生前曾经以咒术骗人钱财，害人性命，且无端地虐杀猪羊。死后先下地狱，服刑期满，又堕于鬼道。

二十五、食人精神气鬼

此为食人精神气的厉鬼。

前生为军官或士兵，但战斗时胆小怕死，临阵脱逃，见死不救，或卖友求荣。

二十六、罗刹鬼

此类鬼专门吃人，能凌空飞行，杀人越货，常为饥火焚烧。生前皆是杀人成性者。

二十七、火炉烧食鬼

此鬼常被大火炉烧身，痛苦异常。其生前皆为吝啬小人，甚至从僧侣口中夺食，死后先下地狱，出地狱后转生鬼道，但又被送进大火炉焚烧。

二十八、不净巷陌鬼

此鬼是生前极为肮脏的人所变。他们如同阳间一样，经常出没于脏乱不堪之地，捡拾垃圾为食。生前曾经给出家人垃圾食品，故遭受报应。

二十九、食风鬼

此鬼虽然饥渴难耐，但也只许喝西北风。因其生前遇到僧人求食，非但不给，反而捉弄一番，故遭此报。

三十、食炭鬼

此鬼常不知不觉地吞进火炭，烧得半死。其生前曾经主

管监狱，虐待犯人，克扣伙食，使犯人饥肠辘辘，生不如死。

三十一、食毒鬼

此鬼经常饥渴，但却被天火焚烧，使其更加饥渴。其生前曾经为富不仁，强行霸占公共湖泊，不许他人饮用，并口出恶语，攻讦良民。

此鬼遭受重谴，先是下地狱，刑满转入鬼道，饥饿时只能吃一种毒火，遭受火烧之痛。其生前曾经于食物中下毒而将人害死，死后遭此报应。

三十二、旷野鬼

常患饥渴，被天火烧身。其生前曾霸占旷野中潮池，不许过往人饮用，并口出恶言。

三十三、冢间食灰土鬼

此鬼常吃死人，并常住在被焚烧的尸体的热灰上，受尽煎熬。其生前不务正业，常盗卖寺庙花果为生，故受此报。

三十四、树中住鬼

此鬼住在树中，严寒酷暑伴随其身。其生前是盗伐林木的恶徒，将绿色树木据为己有，随意砍伐，破坏水土，恶化环

境，造成恶果。现在是自食其果。

三十五、交道鬼

此鬼生前是抢劫犯。在阴间，他常遭飞来的神锯割截肢体，死而复生，生不如死。饥渴不得食，只有等到举行祭祀时，才能得到一点祭品。这都是因为他生前拦路抢劫，夺人钱财，杀人越货，多行不义。

三十六、摩罗身鬼

又称杀身恶鬼。此鬼应属魔中之死魔，能伤人性命。其生前妄信邪教，行邪法，做邪事，扰乱佛法智慧，故受此报。

三十七、债鬼

这是生前欠人钱财或情分还没有来得及还清债的善鬼。债鬼很有人情味，一直想着还债。滴水之恩，当涌泉相报，这是他们的座右铭。即使来到阴间，他们也要报恩，其手段多多：或偷偷告诉你有什么危难，使你有所准备；或暗暗托梦，告诉你近期有什么好事。总之，债鬼会千方百计地偿还生前所欠的钱财或情分。

三十八、膏肓鬼

又名二竖子，是一种类似于腹鬼的鬼类。膏肓，古代医学中称心腹部为膏，横膈膜为肓。此鬼是藏身于膏肓的鬼，故名。此鬼一旦进入人的肌体，会使人身患重病，很难康复，故有"病入膏肓"之说。

膏肓鬼亦是一种复仇鬼。他是利用人做坏事会心虚的特点，从其心中生出的一种鬼。此鬼会变化成你最害怕的人的模样。所谓"心中有鬼"，就是膏肓鬼。

三十九、神通鬼

此为阴界智商顶尖的鬼。他躲藏在暗处，偷偷地观察人类。发现意志薄弱的人，就施展蛊惑的魅力及游说的天分，说神话、做鬼事，引诱世人走火入魔，偏离人道。这是一种极为危险的鬼，是鬼中之鬼。

四十、投胎鬼

所谓阴间赶去投胎的鬼。此鬼经常处于狂奔的状态，等待阎王的命令，按照规定的地点和准确的时间，投胎转世为人。他们最忌讳被耽误投胎的时间。

第六章

情鬼部

痴鬼

47

痴迷于某种事物的鬼。痴鬼种类多多：有痴迷于情的痴情鬼，有痴迷于酒的酗酒鬼，有痴迷于赌的嗜赌鬼，有痴迷于色的风流鬼，有痴迷于毒的大烟鬼，等等。这些都是下流鬼。

还有一些与它们相反的高雅鬼，譬如痴迷于琴棋书画、花鸟虫鱼的鬼魂。

下面讲一个痴情高雅鬼的古代故事。

唐文宗太和四年（830），盐州五原（今宁夏盐池）防御使（城防司令）曾孝安的孙子曾季衡，住在防御使官邸的大院里。此处房屋宽敞壮丽，季衡一人独处。有个仆人告诫他："从前王使君的女儿居住此地，后来暴病身亡，传说她长得天姿国色。有时白天她也会显露灵魂，郎君千万要谨慎小心。"

季衡年轻喜欢美色，所以听后非但毫无惧色，反而祈祷美女能显灵。为此，他每日烧香，频频叨念着王使君的女儿。走到隐僻幽暗的花木山石深处，他就注目凝视，恍然出神。

某日黄昏，突然有个梳着双鬟的小丫头走上前来，对季衡作揖行礼道："我家小娘子派我来传达她的意思，想当面拜见郎君。"说完就踪影皆无。一会儿，院子里透入阵阵异香，季衡又惊又喜，连忙正冠束带恭候。只见先前的丫鬟带引着一位女娇娘来到。其羞涩柔媚，莲步轻移，柳腰翩跹，风情万种，真是神仙中人。季衡目眩心迷，深深拜揖，动问小娘子姓名。美女轻启朱唇："小女子姓王，字丽真。父亲现任重镇府帅。昔年父亲在此城任长官，我侍从同来，就住在这栋房子里，不久染上疾病而谢世。感念郎君深深思忆泉下亡灵，我在幽冥中激动不已，所以不管生死存殁的界限，很想与郎君聚首欢会。郎君不在意吧？"此话恰恰说到季衡的心坎里，季衡热情地款留她。缱绻一个时辰后，丽真握着季衡的手告辞："明天黄昏时再会，千万不要泄露机密。"说完主婢二人一下子消失。

从此，每日黄昏时分，丽真总来与季衡幽会，前后共六十多天，从不间断。一次，季衡与祖父麾下的将校闲聊，偶尔说起女人的艳丽，人人自诩遇见过绝色佳人。季衡年少气盛，心痒难熬，一时忘乎所以，就尽兴夸赞自己的相好王丽真才是举世无双的美女。将校听了都很惊讶，将信将疑，希望他能够证实此事并非编造。他们约定，当季衡与美女约会时，以敲击墙壁为暗号，好让将校辈进屋瞧一眼，以证明其实。季衡借着酒兴，就答应了他们，但事后觉得不妥，决定不去理会他们。

可是，当日傍晚却出事了。丽真一见季衡，容色惨淡，语声嘶咽，涕泪涟涟。她责备季衡道："你为什么负约，把我俩的秘密泄露给外人？从此缘分已尽，再也不能一起欢聚了。"季衡方知事态严重，悔恨交加，无言以对。丽真安慰他说："这也不能完全怪你，是我俩的缘数已尽。"于是留诗一首，以资话别：

五原分袂真吴越，燕拆莺离芳草竭。年少烟花处处春，北邙空恨清秋月。

季衡不善作诗，强吟一首道：

莎草青青雁欲归，玉腮珠泪洒临歧。云鬟飘去香风尽，愁见莺啼红树枝。

丽真从衣带上解下蹙金结花盒子，又从乌发上抽出一支翠玉双凤翘，赠送给季衡说："还望今后睹物思人，不要因为幽冥隔开而淡忘我。"季衡搜索书箱，拿出一个小小的金缕花如意，酬谢丽真，说道："此物虽小，但其名如意，希望你常握手中。"又问道："此别，何日才能相会？"丽真凄婉地说："不经过一个甲子，永无相见之日。"一个甲子是六十年。说完涕泪呜咽，倏忽隐没。

几个月后，季衡去询问五原当地妇女王使君爱女的下落。妇女说："王使君的爱女，年纪轻轻就死在这座宅子里。现在已经归葬北邙山，但对此地感情很深。遇到阴雨晦暗天，还常魂游此地，很多人都亲眼看到过。"

季衡听罢，黯然神伤。

野鬼 48

俗称"孤魂野鬼"，客死异乡不能落叶归根的人，死后便化作了鬼。野鬼很是孤单，它们朝思暮想回到故乡。但由于长年漂泊，尸骨在外，它们的灵魂也不能回到故乡，只能躲避在家乡的路边，听听乡音以解乡愁，可怜之极。

孤魂野鬼的特点是死后无钱安葬，灵柩只能长年停放在外。

唐武宗会昌二年 (842)，寒食节那天，荆州的百姓郝惟谅到郊外与朋友游玩。他们踢球、摔跤又喝酒。郝惟谅喝醉了，就躺倒在坟地里睡着了。到了半夜才醒来，往家走去。

他看见道左有一户人家，房舍低矮简陋，屋里虽然点着灯，却仍然黑乎乎的。于是，他前去找水喝。见得一个女人，脸色惨淡，正面对着灯火做着针线活。她请郝惟谅进来，倒水给他喝。过了好长时间，她突然对郝惟谅说："知道您有胆量，所以敢对您说出实情。我本来是陕西人，姓张，嫁给府卫士兵的头目李自欢。李自欢自从太和年间去戍守边疆，一去不返。我得病死了。我没有亲戚，灵柩被邻居放在这里，已经超过十二年了，迁葬已经没有希望。大凡死了的人，只要骨肉没有被土盖上，灵柩就不被阴间登记，游荡飘动，恍恍惚惚，像喝醉了，又像做梦。您或许可怜我的幽灵，也算积点阴德，使我的遗骨回到九泉之下，灵魂有了依托，我这个愿望就实现了。"

郝惟谅说："我的家业一向贫困，财力办不到，怎么办呢？"那女人沉静地说："这个事，我有办法。我虽然成了鬼，仍然不停地做针线活。自从到了这里，经常缝制雨衣，给胡家做雇工，已有几年了。积累的钱有十三万文，做埋葬的费用自然是有剩余的。"郝惟谅答应下来，就回家了。

天亮以后，郝惟谅访问胡家，各种情况都符合。这说明，他昨晚所见都属实。他就将事情的经过全部告诉了胡家。接着，他就与胡家的人一起前往停放灵柩的地方，把覆盖的东西打开一看，零散的铜钱散在棺材周围，数目和她说得一样。胡家人和郝惟谅都很哀怜她，而且感到惊奇。他们带着这些钱，与伙伴们凑成二十万文钱，

北京东岳庙无主孤魂司

举行了盛大的安葬仪式，把她埋到鹿顶原。

那天夜间，女鬼给胡家和郝惟谅都托了梦。

丈夫戍边一去不返，她孤苦无依，死后无钱埋葬，成了孤魂野鬼。她谁也不靠，通过给胡家当雇工，几年下来，积攒了十三万文钱。她的遭遇是旧社会妇女生活的典型。

49

前世鬼

为了追求自己的爱情成为前世鬼。

天水书生赵源就和一个女子有着前世的姻缘。

话说天水（今甘肃天水）人赵源，人生不幸。他自幼失去父母，一直没有娶妻。元仁宗延祐（1314—1321）年间，他到钱塘（今浙江杭州）去游学，寄居在西湖葛岭上，旁边就是宋朝贾似道的旧宅院。赵源单独居住，甚感无聊。一天傍晚，靠在门外，看见一个女子从东面走来，身穿绿衣服，头发挽成双鬟，年龄大约十五六岁，衣着朴实，容貌出众。赵源盯了她好长时间。第二天出门，又看见了她，像这样共有多次。赵源搭讪地问道："你的家住在哪里？为什么每天到傍晚就路过这里？"女子笑着还礼说："我们是邻居，您不知道罢了。"赵源试着挑逗她，女子高兴地答应了，于是就留下过夜，两人感情特别亲密。翌日，她告辞离去，夜间又来了。这样共有一个月，两人感情如胶似漆。

赵源想对她了解得更多些，就问她的姓名和住址。女子调侃似的说道："您只须得到个漂亮的媳妇罢了，何必勉强知道那些事呢！"赵源穷追不舍，她就答道："我常穿绿衣服，只须叫我为绿衣人就可以了。"她始终对自己的住处讳莫如深。赵源猜想她一定是大户人家的婢妾，夜间出来私会，恐怕事情败露，所以不肯说出罢了。

时间久了，女子终于道出实情。某日，她凄惨地说："我实在不是当代的人，也不是要祸害您的人，是命运决定的，前缘没有结束罢了。"女子接着说："我是已故宋朝宰相贾似道的丫鬟，本来是临安府清白人家的女儿，从小善于下围棋。在十五岁那年，以棋童的身份到了他家。每当贾似道下朝回来，在半闲堂闲坐时，一定叫我陪他下棋，深受他的宠爱。当时您是他家的男仆，长得很漂亮。我看见您后，很爱慕您，曾经把绣罗钱袋在暗处扔给您，您也把玳瑁胭脂盒送给我。我们彼此虽然都有相爱的心意，可是贾家内外防备严密，没能得到方便的机会。后来被同样身份的奴婢发觉，在贾似道面前说了我们的坏话，于是我与您一起在西湖断桥下被处死。您现在已经转世托生为人，可是我还是鬼。这难道不是命运决定的吗？"说罢，涕泪涟涟。赵源被感动了，过了好长时间，才说："如果真是这样，那么我和你就是两世的姻缘了，应当更加相亲相爱，来实现从前的愿望。"于是，女子就留下住在赵源的屋子里，再也不走了。

赵源一向不善于下围棋，她就教他下围棋，把绝妙高招都传给了他。凡是平时以下围棋著称的人，都不是赵源的对手。

谈起前朝往事，他们经常长吁短叹。赵源说："我现在与你相遇，难道不是命中注定的吗？"女子说："这话实在不差！"赵源说："你的元气，能长期留在世上吗？"女子说："命运的定数到了，就会消散了。"赵源说："那么在什么时候呢？"女子说："三年吧。"

赵源根本不相信她的话，到了三年的期限，女子果然得病，卧床不起。赵源给她请医生治疗，她不同意，说："以前我和您说过，姻缘的事情，夫妻的情分，到现在就结束了。"她用手握着赵源的胳膊，与他诀别说："我凭借阴间的身体，得以侍奉您，承蒙您不抛弃我，使我和您交往这么长时间。从前因为一念之私，我们都遭到杀身大祸。然而海枯石烂，这一遗憾也难以消除，地老天荒，这种感情也不会消亡。现在有幸能接续前生的缘分，实践前世的盟约，到现在已经三年了，我的心愿已经满足了。请从现在告别，不要再想念我了！"

说完，面向墙壁躺下，呼唤她，她也不答应。赵源伤心大哭，为她置办棺材，进行殡殓。将要下葬时，灵柩很轻，人们感到奇怪，打开棺材一看，只剩下衣服被褥头簪耳环罢了。于是，就把她虚葬在北山下。赵源被她的深情所感动，就不再娶妻，投奔到灵隐寺出家当了和尚，一直到死。

奸臣贾似道处决了这对青年恋人，令人唏嘘。但他们阴阳相隔，居然在下一个轮回中又相爱了，并走进了婚姻的殿堂。这桩伟大的爱情惊天地、泣鬼神。

50 情债鬼

追讨感情债务的鬼。负心郎尽管对前任夫人信誓旦旦，随后却因为种种所谓的缘由而得陇望蜀，见异思迁，最终抛弃了前任。而前任即使后来变成了鬼，也要追讨这份感情债，并以此惩罚这些负心郎。

情债鬼最著名的当属唐代妓女霍小玉。

唐代宗大历（766—780）年间，二十岁陇西书生李益考中进士。第二年，等待进京参加吏部举行的官吏选拔考试。这年六月，李益来到了首都长安。李益出生于世家大族，本人才华横溢，诗词文章当属第一。到了长安，闲来无聊，很想找

连环画《霍小玉》封面

人陪伴。经长安有名的媒婆鲍十一娘的介绍，他答应去见见一位粉黛佳人。

这位靓丽女郎，就是霍王的小女儿，霍小玉。

她的母亲是霍王的小老婆。霍王一死，因为霍小玉是小老婆所生，其兄弟不收留她们，将其母女赶出家门，但给了她们一些财物。于是，小玉改姓郑，出外谋生。她模样俊俏，情趣高雅，受过良好的家庭教育，琴棋书画样样精通。鲍十一娘介绍的就是她。

他们很快见面了。小玉的母亲很满意李益做他的上门女婿。郎才女貌，天作之合。李益来到霍小玉家休息，深深的庭院，静静的房屋，帘子、帐子都很华丽。不久，小玉来了，两人温情交谈，然后放下帷帐，搁上枕头，两人极尽欢爱。李益认为楚王与巫山神女、曹植与洛水女神相会，也不过如此吧。小玉忽然流着泪，盯着李益说道："我本来是妓女，自己知道配不上你。今天因为容貌漂亮才被你所爱，使我有了依靠。只担心我一旦容貌衰老，你对我的思想发生变化，我就像失去乔木的女萝草，没有依靠；又像秋风中的扇子，被人抛弃。"李益听到这番话，不禁感慨叹息，发誓道："我平生的心愿，今天才实现。即使粉身碎骨，也绝不抛弃你。请拿来一幅白绸子，把我的盟誓写在上面。"于是，小玉拿出三尺白绢。李益提笔成章，用山河作比喻，向日月表诚心，句句真情，令人感动。写毕，李益命人珍藏在宝匣里。至此，两人形影不离，过了两年。

第三年春天，李益吏部考试被录取，做了郑县主簿（县政府秘书长）。到了四月，将去赴任。上任之前，李益离情别绪难以排解。小玉对李益说："凭您的才华和名声，很多人都仰慕您。况且您堂上有严厉的父母，房中没有正式的妻子。您这次回去，一定能娶个好妻子。我们的海誓山盟，只不过是些空话罢了。然而，我有一个小小的愿望，希望您能永远记在心上。"她停了一下，继续说："我十八岁，您才二十二岁，等您到三十岁成家的年龄，还有八年。我们俩一生的欢乐，希望能在这个期间享受完。然后，您再另择高门，结成亲事，也不算晚。我就脱离尘世，削去头发，穿上僧衣去当尼姑。我长期的愿望，到这里也就满足了。"李益流下热泪，对天发誓："对着青天白日发过的誓言，我无论死活都会遵守，与您白头偕老。请您千万不要怀疑，只管安心等待我。到了八月，我一定派人来接您。我们相见的日子不会太远。"

李益到任十多天后，请假到东都洛阳探亲。李益的母亲给儿子张罗婚事，女方是李益的表妹卢氏，婚事已经定下来了。李益虽然有些犹豫，但李益的母亲是严厉的，他不敢违抗。于是，就议定婚期，准备结婚。此间，因筹备聘礼，一直拖到来年夏天。李益深知违背了与小玉的盟约，但他对小玉封锁消息，想要小玉断绝希望，并嘱咐亲友，不要走漏他与卢氏筹备结婚的事情。

此间，小玉得不到李益的任何消息，在相思和愁苦中得了病。她变卖衣服玩物，用得到的银两去托亲朋好友，打听李益的信息，但仍然音讯杳无。

且说，李益的未婚妻卢氏家住长安。李益凑足聘礼，来到长安，准备与卢氏成亲。这个消息被小玉得知了，小玉起初不敢相信消息是真的："天下能有这种事吗？"小玉想与李益见上一面，李益绝情地百般躲避。小玉涕泪涟涟，痛不欲生，病痛加剧，卧床不起。

后来，有一个富于同情心的山东侠客，使用手段，将负心郎李益挟持到了小玉家。听到李益来到家里，卧病在床的小玉突然从床上起身，似有神助。在侠客张罗的酒宴上，小玉斜着身子，瞪着李益，说道："我是个小女子，薄命到这种程度，您是个大丈夫，负心到这种地步。我年纪轻轻，就含恨而死。慈爱的母亲还在堂上，不能侍奉。绫罗、乐器摆在那里，从此也不能享用了。这样痛苦地死去，都是您造成的。李郎李郎，今天该永远诀别了！我死了以后，一定变成恶鬼，使您的妻妾整日不得安宁！"说罢伸出左手握住李益的胳膊，把酒抛到地上，长长痛哭几声死了。

李益为她穿了孝服，早晚在陵前哭泣，极尽哀痛。将要安葬的那天夜里，李益忽然看到小玉在灵堂的幔帐后面，容貌美丽，跟生前一样。她看着李益说："劳驾您送我，还算有点余情。我在阴曹地府，能不感激吗？"说完就不见了。第二天，把她安葬了。李益来到坟前，尽情哭了一回。

过了一个多月，李益与卢氏举行了婚礼。李益悲痛感慨，郁郁不乐。夏季五月，李益与卢氏一同离开长安,回到郑县。到郑县十多天后,某日李益和卢氏正要躺下睡觉,忽然帐子外面有哧哧的声音。李益惊异地看见一个男子,有二十多岁,相貌漂亮,藏身在帐子后面,连连向卢氏招手。李益慌忙起来,绕帐子寻找了几圈,那人忽然不见了。李益从此对卢氏产生怀疑,夫妻之间吵闹不休。又过十多天,一日,李益从外面回来,卢氏正在弹琴。忽然,从外面飞进来一只用犀牛角做的雕花盒子,一寸见方,盒内有用薄纱打的同心结。盒子掉到卢氏的怀中。李益打开盒子一看,见里面有表示相思的红豆两粒,一只叩头虫,还有春药"发东辈"和一点"驴驹媚"。李益当时就愤怒吼叫,声音如同豺狼虎豹,拿起琴来砸他妻子,逼着卢氏说出实情。卢氏怎么也说不清。此后,李益常常殴打妻子,百般摧残虐待。最后将妻子休回娘家。卢氏被赶走后,李益就同丫鬟同床共枕。对丫鬟也产生猜疑,有的丫鬟也被杀死。

此后,李益曾经到广陵(今扬州)游玩,娶了一个名妓营十一娘为妻。李益除了经常用言语恐吓她之外,出门时,还用浴盆把她扣在床上,周围贴上封条。回家时,一定仔细察看,然后才把她放将出来。李益又收藏一柄短剑,威胁丫鬟们说:"这是用信州葛溪出产的铁制造的,专门用来砍杀干丑事的人的头!"李益对所见过的女人,都充满猜忌。他娶了三房老婆,每房都闹到第一个老婆的那种结局。

霍小玉对爱情矢志不渝,坚贞不屈。她对负心郎敢爱敢恨,生时不能惩罚你,死后变成厉鬼也要严加惩罚。霍小玉是一个追讨感情债的鬼。

好妻鬼

阳世男人之妻为阴界好女人，故称其为好妻鬼。此鬼的特点即男人为阳世人，其妻为阴间人，而且其妻还非常贤惠。

好妻鬼以唐朝的窦玉之鬼妻最为有名。

此事发生在唐宪宗元和（806—820）年间，地点在同州（今陕西大荔）。当时陕西各地学子到同州参加举荐考试，学子窦玉借住在州郡功曹（市长助理）王翯的家中。在此期间，窦玉碰到了百年难遇的怪事。

一日，窦玉闲来无聊，就到太原府去游览。天黑迷了路，夜间走到一个村庄投宿。问村庄的庄主是谁，庄上的仆人回答："是汾州崔司马的田庄。"经报告庄主，得到允许进了村庄。崔司马业已五十多岁，穿着大红色的官服，仪表风度可爱。他问询了窦玉的先人和伯父、叔父、兄弟，又问其内外表亲。问过之后，他自称他的家族就是窦玉的亲戚，他是窦玉的表叔。于是，就让人告诉他的妻子说："窦秀才就是右卫将军七哥的儿子，是我们的表侄，夫人您也是他的表婶，可以出来见见他。我在外地做官，亲戚们都分散阻隔，如果不是侄儿远游，怎么能够相逢呢！请立即出来相见。"过了一会儿，一个丫鬟说："请三郎屈驾进屋。"那中堂陈设华丽，像王侯人家。宴席华美，山珍海味俱全。宴会后，老人问："你这次考试，想要求得什么呢？"窦玉答道："要求得到荐举的资格就行了。"又问："你的家住在何处？"窦玉答道："我四处游荡，没有家室。"老人说："你这样生活，身世飘零，没有个归宿。我有个女儿，将要成年了，以后服侍你。可以吗？"窦玉受宠若惊，起来拜谢。夫人高兴地说："今天晚上很好，礼仪已经准备好了，就在今天晚上成亲。"

窦玉道谢完毕，就在厅堂继续用饭。饭毕，洗浴、换衣。之后，有三位司仪人见面。不一会儿，礼轿、香车来到，从西厅到中门，举行迎新娘仪式。又绕着村庄转了一圈，从南门进村，一直来到中堂。堂中的帷帐，已张挂得满满的。

完成婚礼，最意外的事发生了。刚到三更时分，妻子告诉窦玉说："这不是人间，是阴间。所说的汾州，是阴间的汾州，不是人间的汾州。几位司仪人，都是阴间的官吏。我与郎君前世有缘，应该成为夫妻。阴阳是两个世界，不可以长期住下去，郎君应该立即离开。"窦玉吓坏了，急忙说道："阴阳既然是不同的世界，怎么能够婚配呢？已经成为夫妻，便应该同你在一起。为什么一个晚上就要分离呢？"妻子耐心地答道："我已经服侍郎君了，本来无所谓远近。只是郎君是活人，不应该常住在这里。郎君赶紧起身，我会让您的箱子中经常有一百匹绢，用光了还会补满一百匹。到什么地方，一定找一个安静的房间单独住，心中稍稍想念我，我会立即随着您的想念来到。十年以后，可以一起行走，不必分开。现在还是白天分别、晚上相会吧！"窦玉起身告辞。

崔司马说："阴间阳世虽然不同，人鬼没有两样。小女能够嫁给你，这是前世的缘分，不要因为她不是活人，就猜疑她，看不起她，也不要对别人说。如果官府传讯，你说了也没有什么关系。"话毕，窦玉突然得到了一百匹绢，同他们告别了。从此，窦玉每天都单独睡觉，思她时，她就来。所用的帷帐、餐具都是她带来的，如此有五年之久。后来，窦玉不知所终。

窦玉之妻是一个青春靓丽、正直善良的女鬼形象。新婚之夜乃千金良宵。女鬼居然深明大义，道出了事件真相，真是难能可贵。

自主鬼

52

婚姻自主鬼是指婚姻自己说了算的鬼。唐朝就有一个这样的女鬼。

商人郑绍，妻子死后，就想续娶一房。他经商路过华阴（今陕西华阴），住在旅馆里。一天，他欲游历华山。走了几里路，忽见一个丫鬟站在面前。丫鬟大大方方地说："有人让我传达心意，想要邀请您暂时相会。"郑绍感到奇怪："是什么人？"丫鬟如实说道："是南宅皇尚书的女儿。刚才她在宅院里登高看见了您，于是就让我过来传达情意。"郑绍想要进一步了解："这个女子没有嫁人吗？为什么住在这里？"丫鬟对答如流："小姐想要亲自挑选佳婿，因此单独住在这里。"郑绍沉吟半晌，最终决定前去拜访。

一会儿，他们来到一座大宅院。几个丫鬟又请他进入客厅。过了一会儿，一位女子出来，身后随着十几位丫鬟，相见之后，女子说："既然推诚相见，应该免于一切客套。"郑绍恭敬地随着她，又进入一道门，看到闺房之内的佳丽，孑然一身。郑绍大胆询问："是哪位皇尚书家？您的父母在哪里？您的丈夫是谁？希望能消除我的疑团。"女子款款而谈："我是已故皇公的女儿，从小失去双亲，讨厌在城内居住，所以住在这座宅院。正想自己挑选个丈夫，没想到郎君光临。既然如愿以偿，还有什么比这更加快乐的呢？"

女子请郑绍坐在床上，并命摆好酒席，有乐伎演奏。不觉间，天色已晚，女子斟满一杯酒，献给郑绍说："寻求佳婿，已经三年了。今天遇到您这位君子，我能不心满意足吗？请把这杯酒当作交杯酒吧。我请求做您的妻子，可以吗？"郑绍提心吊胆地说："我只是一个南北游荡的商人，怎敢与官

鬼成亲

宦人家结亲呢！既蒙垂爱，我引以为荣，只是担心玷辱了您家的门第。"女子兴奋，献上第二杯酒，亲自弹筝给他听。郑绍很感动，就喝下了交杯酒，发誓与她结成夫妻。于是，就举行了结婚仪式。第二天，继续欢饮大醉。

过了一个多月，郑绍想要出去办理商业事宜，女子苦苦挽留，郑绍不忍别离。又过了一个月，郑绍再次请求出外处理商事，女子答应了。于是，就在家中花园为他设酒践行，送郑绍出门。郑绍带着行李上路。第二年春天，郑绍才急急忙忙回到这里，只见红花翠竹、流水青山，却杳无人迹。郑绍对此大哭一场，第二天才返回去。

这个女鬼主张婚姻自主，这在封建社会是了不起的。

灵枢鬼

灵枢鬼，即没有下葬，停放在灵枢里的鬼。此种鬼因为是刚刚死亡的人变成的，对阳世更加留恋，其表达出的感情愈发浓烈。

山东高密县人王玄之，就同这种鬼有过一段缠绵悱恻的感情纠葛。王玄之年轻时是一个帅小伙儿，长相俊俏风度优，任蕲春县丞（副县长）。任职期满，回到家乡居住，他家在城西。有一天傍晚，他在门外站立，看见一个女子从西面来，姿态长相特别漂亮，大约十八九岁。第二天，王玄之又看见那个女子。像这样有好几次，女子每天都是傍晚来。王玄之忍不住搭讪地问道："你家在哪里？快要天黑才到这里。"女子笑着说："我家在附近的南冈，有事情要到城里去。"王玄之试着挑逗她，不料她欣然接受。于是，女子便住下来，相互之间特别爱慕。第二天早晨，女子告辞离开。一开始，隔几夜来一次。后来，就夜夜来住。王玄之对她爱得深切，试着问道："你家既然住得很近，能答应我去拜访吗？"女子回答："我家狭窄简陋，不能请客，而且与已死的哥哥的女儿住在一起，不方便。"王玄之相信了她的话。

女子女红技艺高超。王玄之的衣服，都是她亲手缝制的，看见的人，都纷纷夸奖。她身边还有一个丫鬟，紧随其后。后来，即使在白天，她也在王玄之左右。王玄之问她："你哥哥的女儿不想你吗？"她巧妙地回答："何必干预别人家的事呢！"王玄之无话。他们像这样住在一起有一年多。

一个夜晚，女子忽然来到，脸色难看，哭泣不停。王玄之问她，她说："现在我要离开你了，怎么办？"边说边哭，王玄之大吃一惊，问她原因。女子直接道来："能不为难我吗？

我本是前任高密县的女儿，嫁给任氏为妻。丈夫品行不端，待我很薄情。父母可怜我，叫我回娘家。后来我得病死了，就把我的灵柩停放在这里。现在家里人来迎接灵柩，明日就要离开这里了。"王玄之这才知道女子的底细，但他已经深深地爱上了她。她告诉他，明天天黑就要永远分离了。他心如刀绞，难舍难分。第二天，女子送给王玄之临别礼物：一只金镂玉杯和一对玉环。王玄之回赠一袭绣花衣服。两人握手，擦泪告别。

第二天，王玄之到南冈去看，果然有她的家人来迎接灵柩。他们打开棺材，发现女子的脸上没有变化，看见了绣花衣服，但却失去了其随葬品金镂玉杯和玉环。家人感到奇怪。王玄之没有隐瞒，走上前去说明情况，并拿出金镂玉杯和玉环给他们看。她的家人十分感动，捧着两件随葬品哭泣。王玄之问道："哥哥的女儿是谁？"他们答道："家中的二女儿，十岁时得病死了，也殡殓在她的旁边。"丫鬟也是墓中的木头人。王玄之就到女子灵柩前哭泣，悲痛欲绝。周围的人都感叹悲伤。

回家后，王玄之思念她，精神恍惚，得了病，几天以后才痊愈。每次想起她来，都忘记吃饭睡觉。

故事中的青年女子就是一个大胆的灵柩鬼。这是一篇人鬼婚恋的故事，反映出婚姻不幸的女子对爱情的渴望与追求。作者塑造了一个敢于追求爱情、懂得珍惜爱情的青年女子形象，难能可贵。

54

宫女鬼

宫女鬼，宫女死后变成的鬼。

青州道台陈宝钥就曾经遇到过一个宫女鬼。一天晚间，青州道台陈宝钥在屋内闲坐，有个女子推门进来。陈宝钥看着她，不认识。此女穿着宫廷服装，娇艳无比。她笑着说："清冷的夜晚，一个人坐着，不寂寞吗？"陈公吃惊地说："你是什么人？"女子回答道："我家离此不远，就是你西边的邻居。"陈公灵机一动，知道她是鬼，但心里很喜欢她，就拉着她的衣襟，让她坐下，并且就势拥抱她，她居然没有怎么抗拒。陈公立刻关上门，迫不及待地解开她的衣服，那女子说："我今年二十岁了，还是个处女。"交欢完毕，女子确实是一个处女。女子说，自己叫林四娘，不愿意多说自己的身世。天一亮，女子起身告辞。

从那以后，林四娘每夜必来。他们关起门来一起饮酒并谈论音乐，她对宫商角徵羽等音调辨别得非常清楚。陈公请她唱歌，她开始推辞，后来就唱了。她打着拍子，唱起凉州词和伊州调，声音哀婉动人，唱完就哭泣起来。陈公与林四娘非常亲昵，胜过了夫妻之间的感情。

这事渐渐地被陈公的妻子知道了。她偷偷地看过林四娘的容貌，怀疑人间没有这么艳丽的女子，不是鬼就是狐狸精，怕陈公受到伤害，就劝说陈公与她断绝来往。陈公没有答应，只是一直追问林四娘的来历，林四娘悲伤地说："我是衡王府的宫女，由于遭难而死已经十七年了。因为我仰慕你的高义，才托身于你，我不会伤害你。"林四娘夜间不怎么睡觉，每天晚间，她都要阅读《金刚经》等经卷。林四娘说："阴间与阳世一样，我生前沦落了一辈子，要修行来世呀。"

他们经常谈诗论句。她遇到有毛病的词句，就指出它的瑕疵；遇到佳句，就拉着长声娇吟。她的风流意趣，足以使人忘掉疲倦。

林四娘和陈公居住了三年。有一天晚上，林四娘忽然悲伤地与陈公告别，她说："阎王因为我生前无罪，死后又不忘诵经，让我投生到王家。我们就要在今晚分别，永远不能见面了。"说罢，他们都非常难过，于是一起饮酒。林四娘慷慨高歌，音调婉转，泣不成声，几起几落。然后站起身来，与陈公告别。临别之前，林四娘要来纸笔，挥诗一首。陈公送到门外，林四娘忽然不见了。

宫女林四娘多才多艺，又多思多情，但命运不幸，生前寂寞，死后孤独。通过陈公与四娘人鬼相恋的故事，揭露封建宫闱制度的残酷与狠毒，值得读者深思。

婚配鬼

55

婚配鬼，在冥界结婚的鬼。在长洲县（今江苏吴县）就发生过这么一件事。

长洲县青年陆某，有一次去乡下看姑妈。路上偶过一个小土坡，忽然有人叫他："先生请留步。"他回头一看，是一个小丫鬟叫他，说："我家小姐有事相求。"陆生向来为人仗义，听有人求他，就毫不犹疑地答应了。陆生跟着小丫鬟来到一间简陋的小砖屋前。那小屋十分低矮狭小。正疑惑间，忽然看见屋里走出一位少女，浓妆艳抹，衣着靓丽，她上前向陆生施以大礼，说道："先生必定是长洲人吧？"陆生慌忙上前答礼道："请问小姐是？"那少女侃侃答道："我原也住长洲县城，父亲是现在的县丞（副县长）。""那小姐为何一人住在郊外？"陆生感到迷惑不解。那少女脸上收起了笑容，停了一下说："不瞒你说，我不是人。"陆生听了笑了出来："小姐开什么玩笑，你不是人，那莫非是鬼不成？"少女说："我没说笑话，我确实是个鬼。"陆生听了这话，马上惊恐起来，白天怎么会碰见鬼？少女说："先生别害怕，我原来是县丞的独女，从小家

一六〇

父管教很严，十六年来不曾走出家门半步。去年三月初三，父亲与母亲去虎丘寺烧香踏青，又将小女硬留在家读书。小女面对窗外大好时光，慨叹命运不由自主，惆怅万千，于是一念之差便投井而死。父母回来伤心之至，把小女棺椁放在这里，待日后带回家乡。"少女说到这里，竟伤心地哭了起来。陆生忙上前劝慰一番，接着说："不知小姐有何难处，需我相助？我一定尽力而为。"

"其实也不是什么难事，"少女拭干眼泪说，"只是想请先生帮我去父亲处传个信。人说女大当嫁，我如今已十七岁，正值婚配年龄。前些日子有人为我提亲，说临安（今杭州）县有个叫李十八的读书人想娶我为妻。我是个女孩，婚事不敢自主，想请先生代为转告父母。如父母应允，告诉我一声，我在九泉之下不胜感激。"陆生听了忙说："那我现在就去，如何？""别忙，"少女说，"你就如此去说，我父亲是不会相

信你的。你如果肯帮忙，就暂且委屈你一下，我自有安排。"说着举手一挥，陆生眼前一黑，什么也不知道了。

第二天清晨，有个老头从小土坡走过，发现县丞千金的殡屋墙缝间露出了一角衣带，他又奇又惊，忙去县城报告。县丞听了立刻带人前来，见情形如老头所说。县丞令人敲开屋墙，一看全呆住了，原来里面除了小姐的棺材外，旁边还躺着一个陌生男子。那男子还有气息，县丞令人把他抬回县衙，再作处理。

那男子便是陆生。他昏睡了三天三夜才苏醒过来，发现自己竟然躺在县衙的厅堂上，心里正在奇怪，忽然想起少女的嘱托，于是大声向县丞报告。县丞开始不大相信，后来听陆生把小姐生前的事说得正确无误，才消除了怀疑。于是决定派人去临安打听是否有个叫李十八的人，现在情况如何。

不久派去的人回来了。他说临安城里确实有个叫李十八

的年轻书生，只是现在还健康地活着，正在读书准备乡试。县丞听了，对陆生大叫："荒唐，荒唐！天下哪有这种莫名其妙的事！"陆生亦不知所以。

半年后的一天，县丞忽接人来报，说有个临安来的老人求见。原来他是从临安来为儿子提亲的。那老人说："我儿子为人正直，勤奋好学，不想在五个月前忽得急病身亡。前些日子，儿子忽然托梦给我，说想娶长洲县丞的亡女，叫我一定前来求亲。我老头如今贸然上府，不知老爷肯否？"县丞听了，大吃一惊："你儿子叫什么名字？""李十八。""李十八？哎呀，奇事奇事！好，我们俩就做亲家了吧！"

不久，县丞全家护送女儿的棺材来到临安，与李十八一同合葬于郊外，了却了儿女的一件情缘。两家人都对陆生的义举表示感激。

县丞之女生前感情生活极受压抑，没有任何自由。死后她居然争取到了婚姻的有限的自由。这个故事极为深刻地揭露了封建社会青年男女婚姻生活冷酷的现实。

56

留恋鬼

留恋鬼，留恋生前环境久久不愿意离开的鬼。据说，许多鬼是这样的。鬼究竟怎样生活，古代有个曹老太说她有特异功能，能够看到常人不能看到的鬼。据她观察，鬼也懂得留恋。

曹老太住的村中有个小伙子叫曹小元，家庭殷实，可是在二十八岁时身患绝症，溘然去世。他的妻子哭得泪人儿似的，曹老太常去她家安慰她。

一日，曹老太正陪着小元之妻聊天，忽觉得一股细细青烟忽悠悠飘来，在丁香树上绕了三圈便轻落下来，慢慢化作人形。曹老太定睛一看，正是曹小元，只是通体透明，看得见里面的五脏六腑。这人形一脸痛苦，双手急切地挥舞，嘴巴紧张地开合，激动万分地想走上前与他妻子叙说，可被旺盛的阳气挡着，使他怎么也靠不拢来。曹老太顿生恻隐怜悯之心，但又爱莫能助，因为曹妻什么也看不见。

过了一段日子，曹老太到曹家去，看见媒婆正在劝说曹妻改嫁。她坐在床沿低头不语。曹老太发现曹小元的鬼魂又来了，倚在窗框上，惊恐地望着妻子，张开双手，抓耳挠腮，急得仿佛汗都下来了。她妻子对媒婆说："这家人家不合适，还是从长计议吧。"媒婆就走了。曹老太看见那鬼影居然喜形于色，飘然而去。曹老太忍不住对曹妻说："小元在窗外看你多时，现已走了。"曹妻惊跳起来："在哪里？他人呢？小元，真是你来了吗？"扑到窗前，凭窗眺望了许久。

后来，那媒婆来往频繁，终于把亲事定下来了。曹老太经常看到曹小元鬼影奔走相随，表情惶然。男家下定亲礼的那天，他眼睛直愣愣地盯着妻子的房间，久久不肯离去。

到了娶亲那天，男家抬着花轿来到曹家村。曹小元的鬼影缩在墙角黯然神伤，通红的眼睛盯着他妻子的一举一动。到了夫家，门神将曹小元挡住了，眼睛一瞪："你是哪路鬼怪，胆敢擅闯民宅？"曹小元跪在地上，苦苦哀求放他进去，总算感动了门神，一侧身让他进了屋。他进屋之后，缩在墙角，看着自己的妻子和别人举行婚礼。

婚礼完毕，客人散尽，新房里也已灭烛就寝。曹小元还在屋外徘徊，飘来飘去。直到半夜，雷神来了，一个炸雷在头顶开花，才把曹小元吓跑。

曹老太讲述得像模像样，听的人都笑着一哄而散。

第七章

善鬼部

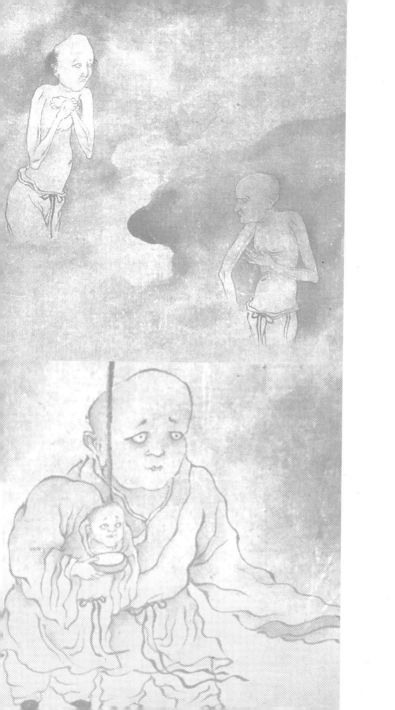

产鬼

57

在中国古代，因难产而死亡的妇女会变成产鬼。民间传说，产鬼会纠缠活着的产妇，妨碍其正常生产。产鬼的模样同人间的妇女无异，很难分辨其真实面目。但仔细观察，产鬼的喉部有一条红线，称为"血饵"。这条红线是产鬼进入产妇腹内的引线。产鬼进入产妇腹内后，就同产妇的胞胎连在一起，紧紧拴住胞胎，产妇因此无法生产。

还有一种情况，即妇女产后遭受伤害而亡，变成了鬼。后来到阳世，报复伤害她的人。唐代扶风郡窦凝之妾就是这样的一个产鬼。

唐玄宗开元二十五年(737)，扶风郡人窦凝要婚娶。他婚娶的女家是崔氏。崔氏出身名门，是晋州刺史柳渔的外孙女，家住汴州（今河南开封北）。窦凝派媒人说亲并送去聘礼，等待好事。但是，崔氏听说窦凝有一个小妾，就要求他将小妾赶出家门，才能嫁给他。窦凝满口答应。为此，窦凝产生了歹意。此时，小妾已经怀有身孕，即将临盆。窦凝假心假意与小妾到宋州一游，扬帆开船，船到车道口地方住宿。小妾当晚生下了一对双胞胎女儿。窦凝趁小妾产后身体虚弱，残忍地杀死了她，并在她的肚子里装满了沙子。乘人不备，窦凝又将两个活着的女婴和死了的小妾，偷偷地沉入河里。做完这些伤天害理的勾当，他就若无其事地回到汴州，欺骗崔氏说："妾已经被赶走了。"于是，两家就选择良辰吉日结了婚。

话说一晃十五年过去了。崔氏接连生了几个孩子，男孩没有长成就死了，两个女孩都长大了。后来，窦凝连续接到三封已逝去多年的父亲的信。第一封信中说："你害死旧妾的事情，已经败露，就在近期一个月内，你应该赶快处理好家中后事。长女可嫁给汴州参军崔延，幼女嫁给原开封县尉李阳，他们都是好配偶。"窦凝不相信，对妻子说："这是狐狸变的，不值得相信。"过了十天，第二封信来了。信中说："我在以前已经把危亡的征兆告诉你了，为什么这么糊涂！"窦凝还在犹豫，心存幻想。紧接着第三封信到了，词语悲哀可切："祸患就在一早一晚之间发生。"窦凝惊恐万状，其妻崔氏安慰他道："您考虑得怎么样？应该祈祷除灾！"窦凝还是对杀妻之事秘而不宣，心存侥幸。

某天，人们正在休息，忽听得急促的敲门声。窦凝心惊，出去开门，原来是自己所杀的妾，穿戴华丽，打扮张扬。她不慌不忙，上前拜见窦凝道："长久别离，你是不是还平安？"窦凝大为惊恐，赶紧跑进内室，躲藏起来。那个鬼跟踪来到庭院，看见崔氏，脸色严肃地自述说："我是窦十五郎的妾。窦十五郎要娶娘子时，在车道口把我杀死，同时杀死了两个刚

出生的女儿。我从没有对不起窦凝，可是窦凝却狠心地杀死了我。窦凝想要娶妻，我自己会躲避的，怎么能忍心杀害我的性命，狠毒到这种地步呢。我身份低贱，十五年来向五岳四渎的神明申诉，怨气达到上天，被报奏到天庭，天帝圣裁，批准我复仇。今天来抓窦凝，与娘子没有关系，不要恐惧。"崔氏悲哀惶恐，请求谢罪说："我们用为你做功德的办法，进行赎罪可以吗？"鬼面孔严厉地说："窦凝用自己的性命偿还我的性命就足够了。什么样的功德可以与性命相抵？譬如杀死娘子，难道可以用做功德的办法了事吗？"

鬼越说越气，大骂窦凝道："上天法网无边，不会漏掉一个恶人。何必还像狐狸老鼠那样隐藏逃窜呢！"鬼登上厅堂，抓住窦凝，又是咬，又是掐，百般折磨，使他痛苦不堪，一整天才离去。临行时鬼还不依不饶，说道："你休想立刻就死，还得接受我折磨你的各种本

事。"之后，鬼每天必到，嚼食窦凝的四肢。那鬼有时奇形怪状，变化成不同寻常的形态。全家人都危惧恐慌，却无计可施。鬼又扑打窦凝的两个女儿，她们痛苦异常。

有个和尚昙亮，善念咒语。窦凝把他请来，在内室设下祭坛。一会儿，鬼来了，不敢上台阶。和尚斥责鬼道："鬼不应该侵犯人，为什么到这里来？我要把护法神金刚请来，立刻把你剁碎。"鬼说："和尚侍奉佛主，心中对待人、鬼应该平等，怎么能掩盖正义，保护恶贼？况且窦凝无理杀我，难道是我侵犯人吗？"说完，像以前一样登上台阶，抓住窦凝。和尚无法。

崔氏暗中让和尚为两个女儿找婆家，鬼知道以后，愤怒地说："和尚替人当媒婆，难道不惭愧吗？"和尚惭愧退出。后来，窦凝的两个女儿偷偷逃跑嫁给崔家、李家，鬼却不去追赶，并说："我已经捆上了她们的脚，难道能逃到很远吗？"

几年以后，窦凝的女儿相继死了。窦凝因为中了鬼毒，成了发狂的疯子，自己吃自己的四肢，往水里跳火里钻，吃粪土脏物，肌肉皮肤都溃烂了，被折磨数年才死。崔氏在京出家，当了尼姑。众人都知道这件事。

窦凝为娶名门之后为妻，居然杀死自己的原妾和刚刚生下的两个女婴，罪大恶极。原妾变化成鬼，折磨窦凝，直至其溃烂而死，真是大快人心。但窦凝的两个女儿也因此死去，显然是伤及无辜了。崔氏出家为尼，倒是一个恰当的了局。原妾这个产后鬼性格鲜明，斗志昂扬，是一个不屈不挠的女性形象。

58

山鬼

山鬼，藏于山间、能辨别善恶的鬼。房山县西山深处的山民司

永良，曾经同山鬼打过交道。司永良家境贫穷，在家乡实在活不下去了，他只好别妻离子出外谋生。他极少出门，道路崎岖，走不多时就迷路了，他只得靠在一棵干枯的老树干下休息。

忽然，他看见前面山坡上走过来三个人。他们身披白袍，像三朵白云飘将过来。走到跟前一细看，吓得司永良哇的一声大叫，瘫倒在大树下，浑身簌簌发抖。原来那三个白衣人非同寻常：长得高大无比，整个脸上只长一只眼睛，而两只蒲扇般的巨手掌上，却各长着一张大嘴。

司永良明白，他遇见的不是妖魔怪鬼，就是山间神灵，今日恐怕难逃厄运。他只好跪倒在他们面前，哭诉道："本人司永良，家贫如洗。为谋生计，被迫外出，可走到此处，迷失了方向，又饿又累，实在无法。还望三位大仙高抬贵手，放我一条生路。"

那为首的听了，似有同情之色，说道："我们虽是山鬼，却从不伤害别人。你不用害怕。待我们寻找到食物后，分给你一些，你带回家度日去吧。"

山鬼说完，转身张开双臂，手上的大嘴一张，打了一个长长的唿哨。刹那间，从四面八方围上来一大群山鬼。为首者发出吱吱喳喳的声音，一番布置，众山鬼一哄而散。只有一个山鬼俯卧在附近的草丛内。

不一会儿，山下走来一个挑担的男子。突然，那草丛里的山鬼跳到他的跟前，吓得那挑担者扑通一下坐在地上，担子撒了一地。那山鬼绕着他转了一圈，上上下下打量了他一番，然后摇了摇头，转身又卧回草丛。挑担者收拾担子，飞一般逃走了。

又过了一会儿，一位中年妇女慢吞吞地走上山来。那山鬼又从草丛中跳出来，盯着那妇女看了片刻，就猛扑上去，张开巨手上的大嘴，把那妇女吞下肚去。然后把妇女的衣物钱财拾掇拾掇，交给了司永良。

司永良缩手缩脚，不敢接。山鬼道："你尽管拿着，我保你没事。你别害怕，我们山鬼是不吃人的，吃的都是禽兽。"永良不解道："那你刚才怎么吃那妇女？"山鬼道："那女人表面上看去是个人，其实内心与禽兽已无两样。"永良问："何以见得？"山鬼答："我们只须看人的头上有无灵光，便可得知。一个人只要还有善念或善行，头上就多少存有灵光；但如有人丧尽天良，那么头上的灵光便消失殆尽。在我们山鬼看来，这些人早已沦为禽兽，因此吃掉他们也是理所当然了。"永良似乎有些明白了，点点头说："那么说，那妇女头上已无灵光？"山鬼笑道："你总算有点开窍。那妇女抛弃丈夫和亲子，另寻新欢。再婚后，又百般折磨拷打前妻的孩子，还不止一次地偷盗别人的财物。我给你的这些银子就是她偷来的。"永良恍然说："原来是这样。如此看来，你放走那个挑担人，也是事出有因吧？"山鬼点头道："说得对。这个男人虽然性格暴躁、蛮不讲理，又好酗酒赌钱，但他时不时地拿出一点钱接济他的寡妇嫂子和侄儿，使他们免受饥寒。由于尚存这一优点，因此他头上还残留着弹丸大的灵光，我也就不能吃他了。"

正说着，那为首的带了几个山鬼，又来到司永良面前，给了他一些钱财衣物，并说："我们不吃你，帮助你，并不是因为你磕头哀求，而是你尽心赡养父母、全力抚养妻儿。有时候吃的东西不够，你宁原自己饿肚子，也要省给他们吃。这样，你头上的灵光就有一尺多高了。像你这样的人，我们山鬼不但不吃，还要想尽办法保护。你回去多加勉励，好生修善，日后一定会有福分。"说完，他给司永良指明了方向，就领着众山鬼呼啸而去，像几片白云飘得无影无踪。

待到天明，司永良就按照山鬼的指引，走出山坳，回到家中。不久，"山鬼辨善恶"的故事便传遍了四周好几个山村。那些个平日里男盗女娼，及虐待孩子、老人的作恶者，听后不免胆战心惊，他们的恶行也随之有所收敛。

冤鬼

59

冤鬼，受了冤屈而无处申诉的人死后化成的鬼。此鬼十分低调，不事张扬。在阳间，它们的冤屈无法伸张，死后还一直寻觅机会，等待昭雪。因此，它们在阴间就隐姓埋名，改头换面。一旦它们认为时机来临，就会显露原型，大喊冤枉，陈述冤情，以求救助。它们是善良的鬼魂，不会危害人类。

唐朝有个女鬼郑琼罗就是这样一个冤鬼。

唐德宗贞元元年（785），书生段某回洛阳，晚间就住在瓜洲的船上。夜深以后，他在船上弹琴娱乐。忽听外面有叹息声，他就停止弹琴，叹息声也就没有了。像这样情形反复多次，他就不弹琴了，回去睡觉。

不知不觉间，他梦见一个二十多岁的女子，面色憔悴，衣服破烂，上前拜见说："我姓郑，叫郑琼罗。本来住在丹徒县，父母早就死了，依赖寡妇嫂子生活。不幸嫂子又死了。于是我就到杨子县来寻找姨母。夜间到达旅馆，市场官的儿子王惟举乘着喝醉酒要强奸我，我知道免不了要受侮辱，就用领巾勒着脖子自杀了。市场官的儿子就偷偷把我埋在鱼行西面的沟渠里。当天夜里，我两次托梦给杨子县令石仪，他竟然置之不理。我又在江上现出冤气，石县令还以为是祥瑞的彩云。我抱恨四十年，没有人替我昭雪。我的父母都善于弹琴，刚才我听到您的琴声，曲调奇特，音响和谐，我就不知不觉来到这里。"

不久，段书生来到洛阳以

北的河清县温谷地方，拜访内弟樊元则。樊元则自幼学法术。过了几天之后，樊元则忽然说："兄长，怎么有一个女鬼跟随你？请你说出原因，我把她赶走。"樊元则就摆设灯烛，焚香作法。不一会儿，灯后有细碎的声音。樊元则说，这是要纸、笔呢，他就把纸、笔放到灯影中。过了一会儿，一张纸旋转着快速落到灯前。他们一看，整张纸上写满了字。写的字好像是七言杂诗，言辞中充满了凄楚怨恨。樊元则命人赶紧抄录下来，说鬼写的字不久就会消失。到了天亮，纸上好像是被煤污染了一样，再也没有字迹了。

樊元则又命人准备酒、肉干和纸钱，乘着黄昏在道上把纸钱焚烧了。有一股旋风卷起纸灰，一直向上盘旋几丈高，又听到悲哀哭泣的声音。女鬼在纸上写的诗共有二百六十二个字，大多是叙述冤屈的意思，其中的二十八字是：

痛填心兮不能语，
寸断肠兮诉何处？
春生万物妾不生，
更恨香魂不相遇。

大意是说：痛恨充满了心啊，不能说出！柔肠寸断啊，到哪里诉说？阳春生长万物，我却不能复活。更遗憾的是我的灵魂再也不能与您相遇。

此篇反映出封建社会广大人民有苦无处诉、有冤无处申的社会现实。

60

长鬼

长鬼，又名巨人鬼，此鬼身材出奇的高大，在《搜神后记》《幽明录》《晋书》中均有介绍。长鬼最矮者也有一丈高，最高者可达十余丈。巨人鬼是动物的保护神，保护了许多动物的生命。因此，巨人鬼的名声很好。此鬼还蛮讲理，一般不主动出击，所谓人不犯我、我不犯人。但若真正惹恼了它，其还击也令人战栗。

下面根据《玄怪录》的记载，介绍民间传说巨人鬼保护山间野兽的故事。

唐睿宗景云元年（710），中书令萧志忠被外放到晋州（今山西临汾一带）担任刺史（州长）。农历十二月初八是腊日，当时有腊日打猎，将猎物祭祖的习俗。

萧刺史吩咐下去，腊日他打算去霍山打猎。

十二月初七这天，有个樵夫上霍山去砍柴。他突然疟疾发作，不能下山，只得躲在一个岩洞里呻吟。到了半夜，他听到洞外有动静，就溜出岩洞去偷看。趁着圆月，他看到了一番从来没有见到过的奇特景象。

只见一个身高一丈多的巨人，大跨步地走了过来。那巨人身披豹皮，两眼闪闪发光，最可怪的是鼻子上的三只角，形状可怖。那巨人站定，向一条深邃的山谷突发几声长啸。只一会儿工夫，就有许多老虎、犀牛、麋鹿、野猪、雉雁等禽兽，纷纷从山洞树丛中蹿出，围着巨人站成一圈，圈长足有一二百步。巨人对群兽讲了一番话，大意是说，自己是北方之神玄武大帝的使者，奉玄武大帝之命，来通知众禽兽，明天腊日，萧刺史顺时应节，照例要外出打猎。众禽兽中有若干合该被箭射死，有若干合该被枪戳死，有若干合该被网套吊死，有若干合该被棒打死，有若干合该被犬咬死，又有若干合该丧于鹰吻，等等。说毕，众禽兽全都伏地低头索索发抖，乞求饶命。

巨人又补充说："并不是我要杀你们。今天不过是把玄武大帝判定的死法通知你们，这样我的任务就完成了。我听说住在东谷的严四哥很有智谋，你们可以去向他求救。"于是，巨人率领群兽向东而去。此时樵夫的精神好了许多，就尾随在后想看个究竟。

到了东谷，见到了道士严四哥。道士问明来意，考虑半晌后说道："萧刺史每次差人做事，都很关心大家的疾苦。如果能求得雪神明天下大雪，风神明天刮大风，萧刺史就不能带人打猎了。我昨天收到雪神来信，知道他刚死了妻子。你们如果能找个美人送给他，那明天就会下雪了。至于风神，他最爱喝酒，如果能弄到美酒去买通他，还怕不会刮大风吗！"兽群中有二只狐狸自告奋勇说自己有媚术，可以完成任务。

道士对巨人说："回忆当年我在仙界天宫多么逍遥快活，没料到这一千多年来竟变成野兽身形，整日郁郁不乐。好在只有一天就回天界了。"说着又在墙壁上题了几行字，以作纪念。不久，一只狐狸已经背着一个女子回来；另一只狐狸也带回二瓶好酒。道士严四哥就把美女和好酒分别装进两只布袋，用朱砂画的符箓封口，再含一口水喷在符上，两只布袋就忽地升空，冉冉飞去，渐渐不见。

樵夫远远偷看到这些情景，吓得心惊胆战，怕被人发现，急忙转身找路回家。下得山来，天还没有亮，忽然狂风骤起，大雪纷飞，不多时，漫山遍野全都变成白茫茫一片。萧刺史也因此没有在腊日出去打猎。

61

廉吏鬼

廉吏鬼，阳世之廉吏死后变成的鬼。这种鬼即使是在冥界，仍然是廉吏。

唐代岐阳（今陕西岐山南麓）县令李霸就是这样一位廉吏。李霸为人刚直不阿，秉公执法，即使家中妻儿挨饿受冻，他也不改廉政之风。但是，他的一些下属却对他恨之入骨，因为他管理甚严，无钱可贪。

因过于劳累，李霸某日竟突然不治身亡了。消息迅速传遍岐阳县城，幸灾乐祸者有之。他的下属县丞（副县长）和簿尉两人竟手舞足蹈起来，觉得他们捞钱的机会来了，并暗中唆使下人不得去吊唁李霸。

李霸的灵堂设在家里。两天过去了，竟然没有一人上门吊唁，只有可怜的孤儿寡妻守在棺材烛台旁伤心落泪。李霸的妻子想到丈夫在世时刚正威严，如今寂寞冷落，感到心如刀割。她抚棺痛哭："你当官一世，落到这个下场。如今我与你儿子可怎么过？家里连埋葬你的钱都没有呀！"忽然，棺材里发出声音："夫人，人死不能复活，别伤心了，千万珍重！至于那些家伙，我会收拾他们的。你去通知一下县丞，说今晚我要升堂办公，地点就在这里，务必叫衙门里所有的人全部到齐。"

衙役差吏平时极为惧怕李霸，听说晚间升堂，都不敢不去。于是，那天晚间全部聚集在李霸家的厅堂里。棺材前的两支蜡烛的火苗，时明时暗地跳跃着。那些衙役差吏个个屏着呼吸，不敢出声。只听李霸的声音从帷幕的后面传来："人都到齐了吗？"接着李霸怒吼一声，吓得周围个个脸色纸白："你们官职虽不大，贪心却不小，天天盼我死，时时想捞钱。现在可得逞了！这种祸国殃民、缺德无情之徒，留在世上有何用？以为我就不能杀你们吗？看刀！"说时迟，那时快，话音刚落，县丞、簿尉立即倒地。大家一看，竟没气了。众人吓得立刻跪了下来，拼命叩头求饶。"两位衙典来了没有？"李霸的声音又响了，两个衙典战战兢兢地爬到灵台前面："来……来了，老爷饶命。""你们听着，我平时待你们不薄，为什么也同他们一样？念你们过去办事尚算努力，现在我杀你们也没意思，暂且杀你们每家三匹马，以示警告！"——那天晚上，他们两家果然都死了三匹好马。两个衙典在地上不住地叩头，声言再也不敢了。

那声音继续道："其他人不必害怕，这些都是对他们应有的惩罚，与你们无关。只是日后必须奉公守法，洁身自好，知错就改就是了。现在我死了，你们就忍心看我家里孤儿寡妻无力抬尸、无钱安葬吗？"众人面面相觑，个个表现出悔恨自责的表情。一时间，众人纷纷表态，愿意出钱出力，帮助李霸妻儿料理丧事。李霸表示感谢。

第二天，衙役们在前引路，后面跟着李霸妻儿和亲友邻居，幡旗飘扬，鼓乐震天，出丧的队伍向李霸老家洛阳而去。李霸显灵的事传得沸沸扬扬，沿途百姓都想看看出丧的队伍，于是人头攒动，瞻仰者众。

送葬的队伍终于到达洛阳家乡。吊唁的人从早到晚，络绎不绝。李霸妻儿应付不过来，几乎累垮了。晚上，李霸对劳累的妻子说："亲友们前来吊唁，是看得起我。他们只是想见见我罢了。你们明天再设一祭厅，我想会会大家。"

妻子遵照他的意思，通知亲友，并设了祭厅。当大家围聚在棺材前吊唁时，只听李霸高声说："各位亲友，我来了，请把幕帷拉开吧。"幕帷拉开后，大家看见的是李霸的头，大得如瓦瓮，眼睛通红突出，注视着大家。众人吓得向后直退，这时李霸说："感谢各位亲友前来关心。人与鬼走的不是一条路，这里不是我久留之地，快把我葬于郊野，使我落土为安。"说完，人头不见了。从此李霸的妻儿再也听不见他的声音了。

廉吏县令李霸死后仍然是鬼中廉吏。面对死后妻儿所遭受的世态炎凉、人情冷暖，李霸重新披挂上阵，进行了最后一次冲刺。这是一次成功的博弈，他取得了胜利。看起来，廉吏要想把自己的理想进行到底，还是很艰难的。

掠剩鬼

62

掠剩鬼，阴间专抓阳间贪官的鬼，也就是阴间的反贪官。

据说，阴间的掠剩鬼是阎王任命的。中山（今河北定县）的章某死后，就做了掠剩鬼。广陵（今江苏扬州）法云寺住持大和尚珉楚，有一位好友，姓章，在广陵做买卖。章某喜佛，二人很谈得来。后来，章某突然生病死了。珉楚很难过，特地为他做了场佛事，超度他。

但是，奇怪的事情发生了。过了几个月，珉楚在街上溜达，忽然遇到了章某。

珉楚深感突兀。章某见到珉楚很是高兴。此时正是中午时分，章某就硬拉他到路边的小饭铺吃素面。珉楚吃着面，终于忍不住问道："你不是已经离开人世了吗？怎么又会在这里出现？"章某沉着地回答："我因为活着的时候犯了些小过失，阎王叫我担任扬州的掠剩鬼。"珉楚问他什么叫掠剩鬼，章某说："凡是生人，不管是官吏、商人、小贩、农夫，他一生该得的钱财，冥冥中都已注定。谁的收入超过了应得数，就称剩余，便派掠剩鬼去设法把他夺来。现在人心不正，设计坑人、以假充好、牟取暴利的人越来越多。尤其是当官的，心黑手辣，贪污索贿，权钱交易，闹得人间乌烟瘴气、怨声载道。阎王见原有的掠剩鬼管不过来，又新添了多名，我就是其中的一个。"

吃完面，章某与珉楚顺街散步。走了约半里路，见路边有个妇女在卖花。章某看了看这个妇女，然后笑着对珉楚说道："以前总认为白天是人的世界，死了才知道白天也是人鬼混杂，只是人不知道识别罢了。你看，那妇女也是鬼，所卖的花也是鬼花。"说着掏钱买了一枝，送给珉楚，说道："凡是见到这花笑的，都是鬼。"

说完，就与珉楚告别而去。

珉楚见手中的花鲜艳异常，形状奇巧，十分迷人。只是分量特重，就拿回了寺。一路之上，见到不少人看到花眉开眼笑。到了庙门口，忽然想到："我今天与鬼一起玩了这么久，又拿着鬼花，恐怕不是好兆头。"就顺手把花抛进了门前的小沟里。

进了寺门，珉楚觉得昏昏沉沉，支撑不住，跟跟跄跄地走向禅房。寺中的和尚们见珉楚面如土色，举止有异，知道是中邪了，赶忙给他服用安魂镇魄的药，过了好长时间，他才缓过气来。珉楚慢慢地把刚才的事情说了一遍，和尚们一起拥出寺门去看他刚才丢掉的花，仔细辨别，原来是一只死人的手。

这则故事是告诫人们不要贪得无厌，要安分守法。掠剩鬼实际就是阴界的反贪官。手莫伸，伸手必被捉。贪赃枉法，以为人不知，鬼不觉。其实，人也知，鬼亦觉。也许鬼就在你的身边看着你，你看不到他罢了。阎王爷派出的掠剩鬼，时时在盯着呢。

63

瓜棚鬼

老妇在瓜棚下讲故事引出的鬼。

话说在海阳（今广东潮州）的一个夏日，刘某一家坐在瓜棚下，听老祖宗刘老太讲鬼故事。刘老太讲到兴起处，望望小孙女，感到有一丝不对劲。因为平时最爱听故事的小孙女，此刻却没在听，而是背着身子，嘴里嘟嘟囔囔的。

刘老太拿起蒲扇，在小孙女头上轻轻地拍了一下，笑骂道："小妮子在想什么心事！"没料到，性情一贯温顺的小孙女居然跳了起来，大声说："你凭什么打我？你当我是谁？我是东街卫老土的女儿，被丈夫休了，气不过，吊死了。我正在找替身，偶然来坐坐，你却打我！我再也不走了！"说完，解下腰带，就往自己脖子上套。这下，全家人吓坏了，赶紧抢她的带子。但她力气大得很，按也按不住。

刘老太看这光景，知道是吊死鬼附在她身上了。于是刘老太低声下气地哀求道："卫家妹子，我家穷得很。这小姑娘整天为人绣花，赚点钱换米养家，可怜极了。你高抬贵手，放了她吧！"鬼魂听了，安静下来，似乎被说动了，半晌，说道："你说得有理，但也不能让我空劳一场，你们总得破费一些。"刘家答应烧些香烛纸钱给她，她不答应；又哀求加些酒，杀只鸡供她，她才答应下来。于是，刘家照办了。女孩才恢复过来，问她刚才的事，她茫然不知。

过了三天，全家又在瓜棚下纳凉。女孩忽然站了起来，口中说："你们就用这么点东西打发了我。我回去后想想不

合算，所以再来讨些。"说完，又抽下腰带往颈上套。刘家人开始以为是那鬼去而复来，可仔细观察，这次的行为举止和口音都与上次不同，惊疑不定。忽然，听见瓜棚后有脚步声，女孩子停止了哭闹，变了口音，大声骂道："鬼丫头，竟敢冒充我来诈骗，真正气死人。还不快滚，不然我可到城隍爷那里去告你！"又慰问刘家人说："不要怕这鬼，有我在，她不敢做坏事。"听声音，正是上次的鬼。女孩被灌了一口米汤，清醒过来。从此，鬼再也没有上门。

但是，这个吊死鬼后来又附在一个李姓老翁身上。李老翁回家，找条绳子就要上吊。儿女们忙扯住。忽听李老翁用女人的声音说道："我是吊死鬼，特来找你家老头做替身。"大家叩问原因，那鬼徐徐答道："我是城里卫家的女儿。前些时候曾经找过刘家女儿做替身。她家苦苦哀求，我看那女孩可怜，人又孱弱，就饶了她，

心想到乡下找替身容易些。可走到城门口，见有两个门神堵着，我不敢经过。受了多少苦，今日才找到你爹，决不放过。"李老翁的儿子听了，有意拖延时间，就问道："既然城门口有门神，你今天怎么出城的？"鬼嘻嘻笑道："真是凑巧。今天有两个乡下人进城，把两对粪桶放在门边。门神怕臭，相约登山游玩去了，我才得以出城。路上见你爹回家，就钻进他的包裹跟来了。"

李老翁的儿子从鬼的话音里听出，这鬼似乎很讲道理，就苦苦哀求道："我爹年老了。你可怜刘家女儿弱小，就不可怜我爹年老吗？如果放手，我们请高僧超度你早日托生。"鬼听了很高兴，说："在刘家我就想提这个要求，见他们穷，就没有提。你们不要骗我。"全家人再三保证，鬼于是说："那我就谢谢你们了。"说毕，李老翁学着妇女的模样作揖拜谢，不再言语了。不多久，李老翁如梦方醒，恢复了常态。

第二天，李家请僧人做法事超度女鬼。从此，再也没有听到女鬼祟人的事。

这个吊死鬼与其他吊死鬼有些不同，具有人情味。鬼也有好鬼。

64 狐狸鬼

狐狸死后化成的鬼，亦称狐鬼。据说，狐狸、黄鼠狼、狸猫、老鼠、刺猬一类的动物，死后似乎都有可能化为鬼魂作祟。民间称其为所谓"大仙"，对它们的尸体往往采取掩埋的方法，以避免暴露其尸，为鬼为祟。

狐狸鬼有恶鬼，也有善鬼。下面介绍一个知恩图报的善良狐狸鬼。

唐文宗太和年间（827—836），有个处士叫姚坤，就同狐狸鬼有过一段交集，相当有趣。姚坤家住东京洛阳万安山南麓，平素饮酒赋诗，自得其乐。其邻居是个猎人，经常设网猎取狐兔为生。姚坤生性仁慈，常常买下猎人捕捉到的狐狸，放归山林，前后共有数百头之多。

话说有一个菩提寺和尚惠沼想要谋财害命，花钱凿了一口深井，并买了数百斤药材黄精投了进去，骗人来试服井里的黄精汁，然后推入井中，害命骗财。一天，惠沼将姚坤灌醉，投入井中，用一块磨盘巨石死死封住了井口。

姚坤酒醒后，发现自己落在井里，高声呼救，无人听见。虽千方百计想从井里脱身，但井口太高，无计可施。好在磨盘石中央留有一个圆孔，空气透入，人还不至于闷死。肚子饿了，只能嚼食黄精充饥。这样过了几夜，姚坤已经失去信心，以为自己就要死在这里，忽然听到井口有人呼叫自己的名字，姚坤喜出望外。只听那声音道："我是狐狸，感激你救活我许多子孙，理应报答酬

恩。但我搬不开井口的巨石，只能教你求生的方法。想当初我在坟墓里做窝，坟墓顶端有个小孔窍。我常在夜晚透过孔窍观看银河中灿烂星辰，恨不得自己腾飞。从此我每夜凝神注视星空，精神专一，久而久之，突然间觉得身轻如燕，竟能从小孔窍中飞出，驾云空中行走。登上银河，看到仙官就向他行礼，终于成了通天狐。你可以仿效我，只要能凝神息虑，注视星空，坚持不懈去做，要不了三十天，自然能从孔中飞出。"

姚坤听后笃信不疑，如法炮制。约莫一个月的光景，姚坤果真从石孔中飞出。他整整衣衫，去见和尚惠沼。惠沼大惊失色，寻个借口悄悄走到井边一看，井口封堵依旧，想不出姚坤怎能走出。他问姚坤出井妙法，姚坤答曰："只要服食井底的黄精一个月，就能轻如神仙，从井中飞出。"惠沼想做神仙，信以为真，叫小和尚用绳子缚住自己，沉到井底，

井口仍用磨盘压住，约好一个月来井边窥看。小和尚如约一个月后来看，惠沼已经烂死在井里。

姚坤回家后十多天，有个名叫天桃的少女来访，自称愿意服侍老爷。自此，天桃成了姚坤的侍女。后来，姚坤进京赶考，偕同天桃前往。在进京的路上，天桃偶遇一只烈犬，烈犬向天桃狂吠，天桃化为一只狐狸与烈犬斗法，烈犬倒毙，狐狸亦无影无踪。

当晚，有个老翁提着一坛美酒来访。姚坤糊里糊涂地同老翁饮酒，一时想不起老翁是谁。喝完酒，老翁长揖而别："我就是通天狐。报答你的恩情算来已经够了。我的孙女天桃也平安无事，请放心吧。"说完突然不见。姚坤这才疑团冰释。此后，姚坤再也没有遇到任何狐狸。

这个通天狐及其孙女天桃，就是好狐狸。

猿猴鬼

65

猿猴鬼

猿猴鬼，猿猴百年成精后化成为鬼。据传，此鬼亦有善恶之分，不全是恶鬼。

唐朝有个秀才就同猿猴鬼有过一段美好的姻缘。

唐代宗广德年间（763—765），秀才孙恪因科举落第而滞留洛阳，身无分文，穷愁潦倒，无所事事，落魄游荡。一天，他来到魏王池畔游玩，突见一座大宅第，土木材料都簇新。路人告诉他："那是袁家的府邸。"孙恪有意结识新屋主人，就径直叩门，却无人应声。孙恪看见旁门有间小屋，于是掀帘走了进去。

不料，孙恪偶然瞥见了袁府小姐。这位小姐容光鲜亮，艳丽照人，如明珠溢彩、杨柳含烟。女子掀帘进入小屋，撞见孙恪，立刻晕生莲脸，红到耳根，受惊退出。后来，小姐派婢女诘问，才得知孙恪是来借宿的秀才。小姐也想会一会秀才，就请孙恪到内厅暂坐，她化妆后见面。

孙恪借故询问婢女，这是谁家的姑娘？婢女答曰：是已故袁长官的独生女儿，从小孤苦伶仃，无亲无戚。小娘子正想嫁个如意郎君，还没有合适的对象。此时，小姐环佩叮珰，缓步而出，比先前更加华贵美艳。小姐留孙恪搬入院内住下，命婢女悉心照顾。住了一阵，孙恪朝思暮想，不能自已，于是请人做媒说和，袁家小姐欣然同意。两人很快结为连理，恩爱缱绻，如鱼得水。袁家豪富，广有金帛。孙恪夜拥美妻，白天纵酒欢歌，尽情享乐了三四年。

一日，孙恪郊游寻春，偶遇表兄张闲云处士。孙恪邀请表兄来家欢聚。将近半夜，张生很神秘地对孙恪言道："愚兄学道多年，曾得秘传。刚才看到你的气色，脸上妖气很浓，不知是何缘故？"孙恪执迷不悟，说道："没有什么意外遭遇呀！"张生沉下脸来，严肃说道："我观察你的神采，阴夺阳位，真精已耗，面色青黄，骨骼将要化为黄土，必定是妖怪缠身所致。"听得孙恪吓出一身冷汗，这才醒悟，道出实情。张生大惊道："这就是了，你遇上妖怪了！"孙恪提到，自己亏得袁氏才免于落魄冻饿，不愿意忘恩负义。

张生大怒，说服孙恪斩断情丝，做一个大丈夫。并说自己拥有一柄斩妖宝剑，魑魅魍魉见剑立刻原形毕露，屡试不爽：明日借给你，妖怪必然狼狈显形。

第二天，孙恪携剑隐藏在卧室内，心里矛盾重重。袁氏一进屋就察觉到，虎起脸来责备道："你穷愁潦倒，我使你安乐康泰。你不顾恩义，反昧良心，猪狗不如！"孙恪良心发现，自知理亏，叩头求饶："是表兄教我，不是我本心。从今发誓不起二心！"袁氏很快搜出那把斩妖剑，用手将它寸寸折断，就像掰断鲜藕似的。孙恪顿时吓得魂飞天外。过了几天，孙恪将实情告诉张生，张生吓跑了。

十多年间，袁氏生育两个孩子，治家很严。孙恪到首都长安，拜见老朋友相国王缙。王缙将他举荐到江西为官。孙恪带着全家赴任。一路之上，袁氏见青松高山，常注目神往，若有所思。船到端州（今广东肇庆），袁氏对丈夫说："离此地半里程，江边有座峡山寺。我家旧门人惠幽和尚住在寺里。分别数十年，想去看看他。"

抵达峡山寺，袁氏带着两个儿子，径直去拜访老和尚惠幽，路径很熟。孙恪感到惊异。袁氏见到老僧，将一只碧玉环献上，说道："这是寺院中旧物。"惠幽听了莫名其妙。

晚斋后，有十几只野猿臂挽臂从高松跃下，在寺的平台上吃食。它们吃完后，攀援藤萝而嬉戏跳跃。袁氏看了内心凄恻，提笔在寺壁上题诗一首：

刚被恩情役此心，
武端变化几湮沉。
不如逐伴归山去，
长啸一声烟雾深。

写完掷笔于地，爱抚着二子的头顶，哀恸数声，与孙恪永别。突然间，撕裂衣服，化为老猿，一声长啸，跃上高松，追赶众猿而去。孙恪惊惧，失魂落魄，携二子悲泣，去询问惠幽和尚。惠幽顿时醒悟，说道："此猿是我做小沙弥时所养。唐玄宗开元（713—742）年间，高力士经过本寺，爱此猿聪明灵活，用金帛换去带到洛阳献给天子。据传，被驯养在上阳宫内作为宠物。直到安史之乱，不知此猿流落何方。呜呼，没想到今日还能见到它。那只碧玉环，原本是河陵胡人施舍给寺院的旧物。当时戴在猿颈上一起带走，现在也归还了。"

孙恪听后非常惆怅懊丧，停船六七天，伸长脖子盼望袁氏能重新返回人间，夫妻团圆，最后落空。他再也无心为官，带着两个儿子返回了老家。

上述传奇故事中的老猿就是一个有情有义的好鬼。

66

科场鬼

科场鬼，是由古代科举考试屡试不中的考生死后转化成的鬼。这是一群饱含同情心的鬼。他们常常出现在考生的书房，帮助考生复习、作文、押题，甚至展纸、砚磨、端茶等。他们期望自己一生没有实现的科场梦，能够在自己关照的考生身上实现。

清代蒲松龄著《聊斋志异》中《叶生》一文，其中的叶生，后来就成为科场鬼。淮阳县的叶生很有才华，文章词赋，冠绝当时。只是命运不佳，科场不利。

恰巧东北人丁乘鹤到淮阳县任县令，看到他的文章，感到非常惊艳，就请他来谈谈，谈得十分融洽。丁县令很高兴，于是把他留在县衙里读书，还经常给他些钱或粮养家。省里考试时，丁县令在学政面前说了不少好话，省考他考中了第一名。

丁县令对他寄予厚望。京城考试之后，把他的底稿拿来诵读，击节称叹。不料时运不济，又落榜了。叶生懊丧地回到家中，觉得愧对知己，形销骨立，痴若木偶。丁县令安慰他，叶生哭泣不已。丁县令很同情他，约定等自己任满，带他一同进京，然后一起到北方去，叶生无限感激。

叶生辞别丁县令，回到家中。他闭门苦读，不久就累病了，直至卧床不起。丁县令不断派人送物问候，药吃了上百服，都不见效。

此时，丁县令得罪了上司，被免去了县令职务。他要回老家去，于是就给叶生写了一封信，大意是说："我不久就要回东边老家去，所以迟迟没动身，就是为了等您。您早上来，我们晚间就走。"信送到叶生病床前，叶生拿着信感动得哭起来。他让送信的人捎回一个口信："我病得很重，很难一下子痊愈，请您先走吧。"丁县令收到了口信，但不忍心马上出发，还是慢慢地等。

又过了几天，守门人忽报叶生到了。丁县令很高兴，把他迎上来问候。叶生说："我得了点小病，有劳先生长久地等待，心里实在感到不安，有幸现在可以跟着您走了。"于是，他们第二天就启程了。

丁县令回到家中，让他的儿子拜叶生为师，早晚都跟他一起读书。丁公子名叫再昌，当时十六岁，还不会写文章。但是，丁再昌很聪明，记性又好，文章过目不忘，过了一年就能落笔成文了，再加上他父亲的关系，很快成为秀才，要到县里的学校上学去了。叶生把平时考试的文章整理出来，交给再昌去读。参加省里考试

时，七道题，再昌都答得非常圆满，中了个第二名举人。

丁县令认为叶生长久在外，会耽误他来年的考试，劝他回家看看，叶生闷闷不乐。丁县令也不忍心勉强他，嘱咐儿子进京时为他捐个前程。丁再昌在礼部考试中又取得了好成绩，在礼部主了政，把叶生带到国子监，早晚在一起研究学问。

又过了一年，叶生参加省里考试，得中了举人。正在这时，丁再昌被派到南方去治河，对叶生说："我去的那个地方，离您的家乡不远，先生青云直上，何不衣锦还乡快乐一下？"叶生听了也很高兴，于是选定了好日子，急忙上路。

叶生回到家看到门庭萧条，心里很悲伤，迟迟疑疑地走进院里，正赶上妻子端着簸箕出来，看见叶生，扔下簸箕就跑。叶生悲伤地说："现在我发迹了，只三四年没见，怎么居然不认识了？"他的妻子离他远远地说："你已经死了

很长时间了，还说什么发迹不发迹。之所以这么长时间没有掩埋您的尸体，只是因为家贫、孩子小罢了。现在阿大已经长大成人了，就要占卜个好日子安葬你了，你可别弄神弄鬼地吓唬我们活着的人了。"叶生听说，无限悲伤，慢慢走进屋里，果然看见灵柩在那儿停着，于是扑倒在地就不见了。妻子吃惊地到跟前一看，衣、帽、鞋、袜像蚕蜕皮一样蜕了下来，非常哀痛，抱着衣服大哭起来。

叶生的儿子从私塾馆回来，看见门前的车马，知道父亲回家了，吓得急忙跑向母亲。母亲抹泪告诉他刚才发生的事情，叶生的随从返回向丁再昌报告了实情。丁再昌听说，泪水沾湿了衣襟。于是赶紧驱车到叶家吊唁，出钱为他办理丧事，并用举人的礼仪规模，安排了叶生的葬礼。给叶生家留了很多钱，让请老师教他儿子攻读，又在学政面前把他儿子推荐一番。第二年，叶生的儿子考中了秀才。

叶生满腹经纶，才华冠时，但怀才不遇，屡试不第，又身患重病，撒手人寰。但他心有不甘，冲出阴界，因材施教，终获成果。这是一个极为特殊的科场鬼，科场不利，终于在教场找回了自己。

67

拘魂鬼

拘魂鬼，阴间抓捕将死者灵魂的鬼。它们身着紫衣，身配铁索，手握名册，到处游荡。其名册即是生死簿，上面记载着将死者的姓名，以及死亡的地点和时间。它们找到将死者，大声呼唤其名。将死者一旦听到拘魂鬼的呼唤，就会灵魂出窍。拘魂鬼拿出铁索，把将死者的灵魂紧紧捆住，迅速带往冥界。

拘魂鬼是如何拘捕将死者的，这有一个古代故事，可以佐证。

话说洪州（治所今江西南昌）州学教官张某，其貌不扬，虽薄有才气，却天性刻薄。上了年纪，更变本加厉。因此学生们想要戏弄一下教官张某。

恰好，学生中有个人长相丑陋，面黑如铁，又傻乎乎的，大家给他起了个绰号叫张鬼子。他任人呼叫，并不生气。学生们想利用张鬼子得天独厚的条件，夜里吓唬吓唬张教官。于是，大家一致推举张鬼子扮为阴曹地府的勾魂鬼，当晚突然出现在张教官面前，让他虚惊一场。他们同张鬼子一商量，张鬼子居然爽快地答应下来，只问众人找一个道具。张鬼子说："听人说，冥府抓魂，必须有一张拘票，否则就没有凭信了。"众人一下犯了难，拘票谁也没见过，不知如何制作。张鬼子说，他听人说过如何制作，就让大家准备一张纸、一些白矾，亲自动手制成了一张拘票，还真像那么回事。

当天夜里，学生们熄灯后悄悄溜出卧室，埋伏在张教官的宿舍旁，以观究竟。夜很深了，大门已经上锁，张教官的门也已紧闭。大家还没有看到张鬼子的人影，担心他怎么进来呢？正当大家焦虑之时，忽然听见校门外有了动静，借着星月微光，他们看见门缝中蹑进一个人，细细一看，正是张鬼子，不禁大吃一惊。张鬼子一声不响，手里拿着银铛铁索，面目也变得更加狰狞可怕。大伙看他演得如此认真，倒有些毛骨悚然。

大伙怀着好奇心，继续观看。只见张鬼子三跨二步踮到张某门前，砰砰敲门。接着，就从门缝中侧身挤入，学生看得呆了。却说，张教官已然起身点灯，看见张鬼子站在房里装神弄鬼，不禁大怒，猛喝一声："畜生！这么深夜来干什么？我知道了，一定是其他学生指使你黑夜中来吓唬我。我会看不出你们玩的鬼把戏？"张鬼子不慌不忙出示拘票，笑笑说："我是奉了阎罗王的拘票来勾你魂的。"张教官嗤之以鼻，一把将拘票抓在手里，读将起来。张鬼子很有耐心地等着，慢慢扯下包在头上的头巾，走到教官的身边。张教官还没有读完拘票，突然瞥见身边张鬼子头上横着两只角，立即惊恐地狂叫一声，直挺挺地跌倒在地，离开了阳世。

于是张鬼子走到庭院里，招呼学生都出来。学生见到他那副牛头鬼叉的脸面，怕得要死，站得远远的。张鬼子高声说道："多谢各位仁兄，我并非假鬼子，而是真正的阴间牛头狱卒。当年奉了阎王老子的旨

拘魂神

意，来追索拘捕这个刻薄鬼的灵魂。不料渡水时，将拘票弄丢了。没有拘票，怎敢抓人。又怕阎王治罪而不敢回地府，因此躲藏混迹在人间，吃尽了千辛万苦。现在靠了众秀才的计谋和出力，我重新获得了一张拘票，弄假成真，总算将张某逮捕归案，回地府复命，从此再也不用孤苦伶仃流落人间了。多谢多谢！"说罢再三作揖，用铁索锁住张某灵魂，冉冉飘出墙外而去。众学生这才如梦方醒。

68 报恩鬼

很多鬼会知恩图报，这里只讲一个报恩鬼的故事。

这个故事出自清代纪昀著《阅微草堂笔记》。清代内阁学士永宁，有一次生了病，病得很厉害。给他请了个大夫来看，开了张方子，吃了也没什么用。他听说城东王大夫是个医中圣手，就又派人把王大夫请了来。望、闻、问、切完了，王大夫沉吟了一番，问永宁吃过谁的药了，药方子在哪儿。永宁忙叫服侍他的丫鬟去拿，可找了半天，找不到。永宁以为是丫鬟乱放弄丢了，骂她说："再去找，找不到，少不了挨一顿鞭子！"丫鬟吓得战战兢兢，连忙到各处翻寻。这时候已是晚上了，永宁觉得神思昏昏，就让下人把王大夫请到客厅里去用饭，自己靠在床上，打起瞌睡来。

刚闭眼，觉得有人在推他，睁眼一看，灯光下有个人在跪着。永宁当是仆人有什么话要请示，没有好气地令他快说。那人说："请大人不要责打丫鬟，那张药方是小人收了起来。小人不是府里的人，是大人在做按察使时平反得救的王鉴清。"永宁奇怪地问："你藏药干什么？"那人说："凡是做医生的，同行之间总是互相嫉炉，后请的医生一定要改前面的医生所开的药方，来表现自己比别人家高明。王大夫虽是名医，也免不了会这样做。小人看大人原先所服的药很对症，只是刚开始服，药力还没有生效。如果王大夫把前面的方子改了，那么大人服了就有危险了。所以小人特地把药方给藏了。"

永宁起初盘问那人时，似醒未醒。听了这番话，句句有理，又听见前面所服药不错，心中一爽，神志顿清，连忙坐了起来。再朝床前一看，却人影也不见了。他仔细一想，才想起，那人原来是个县丞，因为县官挪用公款，反咬到他身上，是自己认真复查，为他开脱罪名，官复原职。后来那王鉴清升了官，因公入京，还来拜见过自己，可去年就病死了。这时，永宁才意识到自己是遇见鬼魂了，不觉惊出了一身冷汗。

想到鬼是来报恩的，话一定不错，就叫仆人进来，令他关照丫鬟不要再找，并通知王大夫方子找不到了。王大夫没法，就开了张方子告辞了。永宁一看，这方子果然与前边医生开得一模一样。吃了几贴，病就好了。

这个故事旨在启示人们：鬼且知知恩图报，为人应该如何呢？

69

换头鬼

换头鬼，在阴间将丑脸换成俊脸的鬼。宋代李昉编著的短篇小说集《太平广记》中记载了一件发生在东晋（317—420）年间的换头鬼的故事。

东晋义熙(405—419)年间，琅琊府参军贾弼之整天忙于繁杂政务，拟写文稿，字斟句酌，煞费苦心，令贾弼之十分烦恼。晚间，贾弼之早早入睡，竟然做了一个梦。梦见一个魁梧男子，面貌丑陋，鼻孔奇大，还长着半脸乱蓬蓬的胡须。可是，就这么一个难看的人，却做书生打扮。他似乎有求于贾弼之，对其深深一揖道："在下仲魁，活在阳世也曾致力于学问，想借此上进。文章虽好，但容貌丑陋，辗转于各府，终不能被主人家赏识。"说到此处，仲魁连连长叹，又道："在下岂止薄禄，又兼短命。去年中秋在船上喝醉了，失足落水而死。"说到此，传来几声鸡叫，那男子长叹数声隐去。

第二天晚上，贾弼之躺在床上，想起昨晚的怪梦，不知那鬼是何意。想着想着，贾弼之就睡着了。又见那男子立于床头，说道："今夜又来打扰，实有一事相求。我虽容貌丑陋，但文字还可以。我见你日夜忙于公事，困苦不堪。不如你我交换一下头颅，你可以应付公事，我亦不至于如此丑陋。"贾弼之闻言，大吃一惊："头颅又非衣物，怎能随便交换？断然不可胡闹。"仲魁苦苦哀求道："在下到阴间，本以为容貌丑些也无妨，谁知阴间也是重貌不重人。阎王原来要我去做一个录事，见我容貌丑陋，就把我逐出。我一怒之下，在阎罗殿外触柱而亡。如今我已在阴间之下，成了鬼中之鬼了。求你把头颅换给我，便只是十天、半月，也可以让我舒一口冤气。"说罢，竟然哀哀而泣。

贾弼之听罢，着实不忍，便想暂且敷衍一下，道："换头就换头罢，也让我往后处理公文时便捷一些。"话音才落，只见仲魁连连磕头，又用手指往贾弼之头上一点，贾弼之便昏睡过去。

早上，贾弼之醒来，正自疑惑，恰巧童仆送洗脸水来，一见贾弼之的容貌，摔下手中的脸盆，撒腿就跑。贾弼之急忙揽镜自照，已经换了模样。

事已至此，贾弼之只得按捺下惊恐，向府主辩明事实。谁料府主昨晚也梦见一个叫仲魁的男子，说起换头一事。府主让贾弼之安心留在府中，等那仲魁来换回头颅。贾弼之白天照常处理公事，正如那仲魁所许诺的，文思如泉涌，辞章华美，且能双手握笔书写，简直像变了一个人。

就这样，贾弼之等了又等，眼看快一年了，仍然不见那个叫仲魁的男子来换回头颅。好在琅琊府府主不是那只重外貌、不重内才的人，贾弼之虽容貌丑陋，而文采卓绝，被视为异人。

英雄鬼

70

英雄鬼，为国捐躯的鬼。唐代戴孚的小说集《广异记》中就有一个英雄鬼的故事。

唐高宗永徽年间（650—656），张琮任南阳（今河南）郡令，为政清廉，待人和气，深受百姓尊敬。近些时日发生了一件怪事。原本清静的书房后院的竹林中，总有些奇怪的声音。一夜，张琮走进竹林，想探个究竟。他分明听见有说话声，就大声问道："谁在那里呀？需要帮助吗？"话音刚落，就走出一个衣衫褴褛、武士打扮的人。那人蓬头垢面，有一只眼睛在流血。张琮急忙上前一步，问道："不知壮士从何而来？"那人叹息一声说："我是一个老兵，三十年前参加了朝廷征讨叛匪的战争，不幸被叛军所杀。我的尸骸被埋在野外荒原中，如今这地方已筑起了明公你的后院。院中植上了一片竹子，不料竹子长得特别快，有一竹根扎到了我的脸上，刺穿了我的右眼，我痛得实在无法忍受。听说明公为人善良，所以特来求情，把我的尸骸挪一下，望明公可怜我，日后有机会一定报答。"张琮听了立即答应说："你怎么不早点告诉我，免得如此受苦。你放心吧！我一定办到。"

第二天，张琮唤了几个人一起在竹林里挖掘，果然发现有一具尸骸，而且确实有一株竹根扎在右眼中。于是他叫人把那尸骸收拾一下，给他换上新衣，移至郊外，重新筑了个新坟埋了。过后，张琼也就把这件事忘了。

过了一年，有一次张琼在了结一起杀人案时，把为首作恶的贼人杀了。不料他的两个兄弟想替他报仇，就密谋烧掉官库并乘机杀掉张琼，以解心头之恨。

某一日，张琼在家读书，忽报官库起火了。张琼立刻更衣备马，直奔火场而去。张琼疾驰在大路上，突然从黑暗里跳出一个人来，一把拉住马的缰绳，那马前蹄离地，长嘶一声，差点把张琼给掀下马来。张琼问："谁？竟敢挡我的道？"

他定睛一看，原来是一年前那个竹林里的死鬼。只听那鬼说："明公莫非是要去救火？你千万去不得呀！"张琼问："为什么？"那鬼说："有人存心要害你。他们先放火诱你出来，现在他们混在人群中正准

备杀你呢，你千万别去。"张琼吃了一惊："那人是谁？""就是近日被你处决的那个贼首的两个兄弟。"张琼沉思一下说："如今救火要紧，你松手让我走。"鬼笑了笑说："明公不必惊慌，那火势不大，即刻就将熄灭。官库里的粮食不会有丝毫损失，你放心回去吧！"说完就消失了。

次日，张琼升堂，派人去缉拿那两人归来。经严厉审问，两个贼人招供。张琼便以焚烧官库、谋害命官的罪名，把两人打入死牢。

张琼很感谢那鬼的帮助，请人重修石墓。在墓边竖起了一块石碑，自己亲笔为那鬼题了字："身殉国难，死不忘忠，烈烈真魂，实为鬼雄。"

这个为国捐躯的无名英雄，死后仍然为国尽忠，不愧为鬼雄。

71

互助鬼

互助鬼，求人帮助也帮助人的鬼。

有事求人帮助，人有事他也帮忙，这种与人互相帮助的鬼，也是有的。

五代时文学家徐铉著《稽神录》中就有一个互助鬼的故事。广陵郡（今江西吉安）商人田达诚，家中富有，乐于助人。他在新城盖了一所宅院，很是宽敞。鬼知道了，想要借住一下。鬼很老实，把自己的身份和意图，都向田达诚讲了。他隐身说道："我实际上并不是人，近来住在龙泉，房舍被洪水冲坏，请求借住在您家，房舍修理完毕再走。"鬼借屋住，从来没有听说过，田达诚很害怕，一口拒绝，说："人怎么可以与鬼住在一起呢？"鬼回答得很轻松："临时借住罢了，对您不会有害处。况且因为您的义气，在乡里闻名，

所以来求助于您。"田达诚思虑再三，想到鬼实在困难，就勉强答应了。田达诚让鬼住在大厅里，鬼表示感谢。

过了几天，鬼搬进来了，说："我的家已经搬到您的厅堂中，也不妨碍您的宾客。您可要严厉管教家人，千万注意防火。万一不注意，有可能认为是我干的。"田达诚把厅堂腾空，给鬼方便，让鬼使用。

田达诚曾经写过诗，鬼知道了。某日鬼忽然在空中说："您竟然会作诗，我也曾喜欢作诗。我们可以互相作诗唱和吗？"田达诚感到意外，鬼也会作诗。于是，就备下酒菜，放好纸笔，他们就谈论起来，无话不说，十分契合。众人用眼睛看，酒菜与纸笔都纹丝不动。试着回一下头，酒菜就光了，字也已经写在纸上。鬼前后作诗数篇，都很有意义。笔迹遒劲有力，都是柳体字。有人问他姓名，鬼说："我假如说了，恐对主人不利，可以用诗表达出来。"就写了一首诗：

天然与我一灵通，
还与人间事不同。
要识吾家真姓名，
天地南北一段红。

众人也不明白是什么意思。

有一天，鬼又告诉田达诚说："我有个小儿子，与樟树女结婚。举行婚礼时，还想借住您的后堂三天，使您的恩德圆满。可以吗？"田达诚满口答应，就把后堂用帷帐遮上了。三天以后，鬼又来感谢说："我的事情已经办完了，还给您后堂。主人的恩德已经很重了。然而，您家有个老女仆，可以打她一百棍。"田达诚不明所以，叫来老女仆，象征性地打了几下。鬼说："行了，让她知道过错。"原来老女仆曾经把帷帐挖个洞，偷偷往里看，想知道个究竟。看见男女宾客、酒宴花烛，与人世间没有什么两样。

过了一年多，鬼就告辞了。田达诚因为有事到广陵去，很长时间没有回家，家里人很惦念。鬼适时出现，表示自己去探听消息。第二天，鬼就回来了，报告说："主人在扬子江的船上，一切均好，就要返回。他新娶了个小妾，正和她一起睡觉。我把他们帷帐的后幅给烧了，开开玩笑。"说完就大笑着走开了。

田达诚回到家里，家人问他事情的经过，完全和鬼说得一样。后来，田达诚到龙泉，寻访鬼的住处，最终也没有找到。

鬼实际并不可怕，人和鬼实行互动互助，还是蛮有趣的。鬼也懂礼貌，会作诗，通人情，讲感恩。人要是和这样的鬼一样，也很不错。不能简单地说"连鬼也不如"。

饿死鬼

饿死鬼，因饥饿而死亡的鬼。饿死鬼很多，旧社会闹饥荒，经常饿死人。

据五代徐铉著《稽神录》记载，霍丘县（今安徽霍邱）县令周洁，就曾经碰到很多饿死鬼。周洁卸任后，到淮河流域游览。当时，当地发生了大饥荒，旅馆几乎绝迹，没有地方投宿。无法，周洁登高望远，赤地千里，了无生气。好不容易，只见远处村落中似乎有烟气，他决定到那里看看。

找到村中一家，敲不开门。他继续耐心地敲，敲了好长时间，才有一个女子出来。周洁告诉她要借宿，女子有气无力地说："家中饥饿，全家老小都起不来了，没有什么东西可以拿来招待客人，不过中堂有一张床可以住。"于是，就请周洁进屋，女子虚弱地站在他面前。不大一会儿，她的妹妹又出来了，和姐姐面对面站立，看不见她的脸。

周洁自己带着吃的，拿出两张饼，给两位女子。她们拿着饼进屋了，插上门闩睡了。此时，周围静悄悄的，没有声响，不觉间，周洁感到恐惧。天要亮时，周洁要走，就呼唤两个女子，同她们告别，全都没有回答的声音。

冥冥中，周洁感到有事。他打破窗户进去，居然看到屋里堆满了尸体，都快要枯干朽烂了。只有那女子死了约十来天，她妹妹的面目已经枯干了，两张饼还放在胸口上。周洁后来把他们全都埋葬了。

这是古时淮河流域发生大饥荒时的真实写照。尽管全家都已饿死，但是来了客人，他们还是派出鬼魂接待，并说明情况，表示歉意。客人送给他们的面饼，他们没有动用，等待来者享用。这是一个有教养、守礼节、懂谦让的家庭，他们至死也没有改变做人的信条。这是一群值得尊敬的饿死鬼。

复仇鬼

复仇鬼，在阳世受到欺骗，死后变成复仇追命的鬼。

中国古代脍炙人口的王魁和桂英的故事，表现的正是这一主题。

据宋人张邦几著《侍儿小名录拾遗》记载，莱州（今山东莱州）的书生王魁，科举考试未中。其对象桂英对他百般呵护，请他饮酒，为他作诗，并安慰他说："你只管一心一意去读书，平时需要的东西，都由我来替你打理。"有了这个坚强的后盾，从此，王魁早出晚归，用心苦读，学业大进。过了一年，正赶上皇上发布诏令，征召天下贤能之士。桂英积极支持王魁应诏，为他准备了上京所需的物品。

王魁临行前，两人来到城北望海神庙，王魁向神明起誓说："我和桂英，两人誓不变心。如果将来离异，愿受神灵惩罚！"后来，王魁考中天下第一名。王魁的父亲居然为王魁和崔家订了婚约。

桂英并不知道这件事，还蒙在鼓里。她听说王魁被授以徐州佥判（秘书长），以为自己的幸福生活就要来临了，高兴地说："徐州离这里不远，他一定会派人来接我。"于是，派仆人拿着书信去找王魁。当时，王魁正坐在州府大堂之上处理公事，看了桂英的书信，非常恼怒，连声呵斥，无情地拒绝了桂英的要求。事后，桂英知道了事情的真相。她知道自己被负心汉王魁欺骗了，忍无可忍，决心以死来表明心迹。她真的挥刀自刎了。

桂英变成鬼魂追杀王魁。一天，王魁在南都试院，晚间有一个人从灯影里走出来，原来是桂英。王魁胆怯地问："你一定很好吧？"桂英指斥道："你薄情寡义，不遵守誓约，逼我走上了今天这条绝路。"王魁虚情假意地说："这都是我的罪过，我为你请和尚念经，多烧一些纸钱，你可以放过我吗？"桂英断然拒绝道："我取了你的性命才会住手，别的什么也不管。"后来王魁果然死了。

负心汉王魁违背誓言，丧尽天良，抛弃原配，追求新欢，逼死桂英，最后受到复仇女鬼桂英的惩罚，命归西天。桂英是一个敢爱敢恨的女鬼形象，一直受到人们的推崇。

高官鬼

74

高官鬼，死前担任高级官员的鬼。唐代戴孚著《广异记》记载过一个发生在唐代开元（713—742）年间的高官鬼的故事。

河南中部邙山脚下的一个小城中，住着一个年轻人叫杨元英。他的父亲曾经当过太常卿，此官正三品，副部级，是高级官员。他为官清廉，积蓄不多。十年前得急病死去，只留下一点微薄的财产，不久便用完了。母亲五年后也离开人间，剩下幼小的弟弟靠杨元英抚养。平时他替人打短工，干苦力，弟弟虽小，但也能捡点破烂帮助哥哥。兄弟俩经常吃了上顿没下顿，日子过得十分艰难。

有一天，有人叫杨元英替他把几柄旧宝剑扛到城里冶铁铺，重新打炼削磨一下。杨元英在铁匠炉里东走西看。墙上挂着长短不一的各种宝剑，全是人家拿来加工的。忽然，他发现在桌子中央放着一柄宝剑，剑鞘上镶着一块红玉石，漂亮异常。这剑十分眼熟，好像在哪里见过。猛然，他想起了亡父生前的宝剑，记得那柄剑小时候他经常玩。他仔细端详，可以肯定，这就是父亲那把宝剑。他忍不住问铸铁师傅："师傅，这剑是谁送来的？"师傅答道："昨天晚上，一个当官的贵人送来的，他说好明天中午来拿。"杨元英暗想："一定是谁挖了父亲的坟，把此剑偷出来了。我一定要和弟弟一起，抓住这个盗墓贼。"

第二天中午，元英兄弟俩来到了店铺门口，等那取剑人。不多久，便看见有一个人骑着一匹高头白马，后面跟着五六个当差的，来到店铺高叫："师傅，我们来取剑了。"铸铁师傅送出宝剑，那人接过，佩在身上。此时，元英上前一把拉住缰绳，抬头一看，马上坐的竟然是十年前死去的父亲！他忙拉来自己的弟弟，跪在马前说："父亲，孩儿在此向你请安。"说着大哭起来。那人惊讶地跳下马来，扶起兄弟二人，说："哎呀，果然是我的儿子！你们怎么会在这儿？"父子三人一起走到店铺边的树荫下，叙谈起来。

"如今你母亲在家可好？"元英伤心地回答说："老人家五年前也已去世，如今与父亲葬在一起。"那人长叹了一口气说："我死不久，便被阴府封官去了别处，整天忙于公事，

你母亲的事一点也不知道。那么你们兄弟俩如今如何生活？"兄弟俩哭诉了眼下的困境，亡父不禁也流下了热泪。他抚着孩子的肩膀说："我现在有公事在身，不可久留。明天你兄弟俩再到这里来，我会带些钱接济你们。"说完，就带着人马飞驰而去。

第二天中午，兄弟两人应约来到，果然又见到了父亲。亡父带来了许多银两，他对兄弟俩说："你们必须在三天内把这些银子花完，不要告诉任何人，千万要记住。眼看冬天要到了，你们可以去买些吃的穿的。"说完即准备离去。兄弟俩拉着父亲的手，痛哭起来，不忍分手。亡父苦笑了一下说："你们真不懂事，你我如今在两个世界，世上哪有永久的父子情缘？你们回去好好地过日子吧！"说完上马昂首而去。

兄弟俩听从了父亲的话，没对任何人说，马上去添置了许多物品，高高兴兴地回到家中，暂时不愁吃用了。可奇怪

的事在三天后发生了：城里许多商贾贩子的钱柜中，都发现了不同数量的纸钱。他们有人惊奇，有人愕然，更有人愤怒，但谁也说不清纸钱是怎么到钱柜里来的。

这是古代官一代和官二代的励志故事。官一代拼命工作，清廉自持，从阳世到阴间，无不如此，令人钦佩。官二代自力更生，为了生计，以至于哥哥打短工、弟弟捡破烂，勉强度日。现代能有这样的官一代和官二代吗？

善心鬼

75

善心鬼，发了善心的鬼。宋代李昉编著的短篇小说集《太平广记》中有一桩东晋商人因发善心得鬼好报的故事。

东晋建武二年（318），商人张阍带了整整一马车货物，从外地经商回家。他十分高兴，心想："这一车货物得利不小，得十分小心。"忽然，听到路边草丛里有人呻吟呼救。张阍虽然归心似箭，但有人呼救总不能不管，便喝令停下马车，下车到草丛中察看。只见一个老人躺在地上，张阍便问："先生何事呼救？"老人答道："腿脚摔伤，不能再走，家在远方，故而呼救。"张阍四顾无人，心想这桩麻烦事只能自己管了，便请老人到自己家中养伤。待老人首肯，又将老人扶至自己车旁。不料车小货多，已无余隙，车上实在无法再乘一人。张阍踌躇再三，只得忍痛将货物扔下，把老人扶上了车。张阍觉得，救人一命，胜造七级浮屠。

到了张家，张阍将老人扶入室内。不料老人一点没有感激的神色，对张阍说："适才实在没有摔伤，不过是试试你罢了。"对此，张阍不禁生了气，喝道："你是什么人？为什么要戏弄我？"老人答道："我实是鬼，被阎王派来取先生的性命，故适才躺在路边等候。不料先生竟弃了货物救我，实在令我感激。现在我知道先生是个厚道人，不忍心相取，但我是奉命而来，如何是好呢？"张闾闻言大惊，请鬼留下慢慢商量。鬼寻思半晌，问道："有和先生名字相同的人吗？"张闾答道："有个外地人黄闾。"鬼说："先生可去拜访他。"

张闾于是就去拜访黄闾。黄闾一出来，鬼突然出现，以一红色的镖刺他的头，又以一小剑刺其心。黄闾有所感觉，鬼就一边往外走，一边说："怜君忠厚，故枉法相救。但神道秘密，万万不可泄露。"言讫不见。张闾心下惊慌，也匆匆告辞而出。

翌日，邻居传言，黄闾昨晚突发心痛，夜半就死了。

张闾后来平安无恙，官做到光禄大夫，一直活到八十岁。

善心鬼为了报答救命之恩，违反天命，以他人之命相

北京东岳庙善报司

抵，这对张闾似乎是对的，但无端害了黄闾。黄闾成了替死鬼，也是倒霉鬼。这对黄闾很不公平。故事编撰者，顾了一头，忘了另一头。

枯井鬼 76

枯井鬼，埋在枯井中的鬼。

宋朝人李仲宾，家住易县，从小父母双亡，生活贫困。一天，他翻过隔壁寺庙的破墙，采摘枸杞子充饥。时当正午，艳阳高照。可刚刚走了不几步，忽然前面路径大变，往日熟悉的道路楼阁都不见了，代之而起的是黄沙一片。李仲宾十分惊异。他依稀辨别着家的方向，慢慢前行。

正行走间，猛然迎面走来一个壮汉。他头戴方巾，白带缠绕，大步流星。那人见到李仲宾，厉声喝问："你是什么

人？到哪里去？"李仲宾惊慌失措，还没等回音，那人一把揪住李仲宾的前胸。李仲宾平日力大善搏，急忙挥拳打去，那人应声倒下，脑袋也掉了下来，滚在一边。李仲宾心里明白，自己遇见鬼了。刚想继续赶路，谁知那个无头人竟然站起，跟跟跄跄地朝他走来。李仲宾又挥起一拳将他击倒。无头人打倒了又爬起，屡仆屡起，连续被打倒了十多次，才怒气冲冲地走了。此时李仲宾已是筋疲力尽，赶紧继续赶路。

走不多远，突然见前面的大石块上，直挺挺地坐着一个无头鬼物，像是正在等着他。情急之中，李仲宾想起腰间揣着采枸杞子用的斧子，心里略略定了定神。无头人果然慢慢地站起身来，晃悠悠地迎面走来。李仲宾紧紧握着利斧，等到鬼物走近，举起利斧猛砍过去，正砍在他的脖子上，发出当当的响声，像是砍在青石板上一样。一阵响声过后，那个无头人一下子不见了。李仲宾

在此做了记号，匆匆赶回家中。

几天之后，李仲宾和几个朋友，按照记号找到了遇鬼的地方。他们果然看见路边的大青石板上留有斧子砍过的痕迹。他们把大青石板移开，发现下面是一口枯井，里面全是尸骨，已经枯干了。询问了当地村民，才知道这些枯骨乱骸是当年金国灭亡时，战乱的死者。于是他们把井里的枯骨乱骸收拾起来，用木盒子装好，小心安葬于别处。以后再也没有无头鬼作祟的事情了。

古代社会战乱频仍，百姓流离失所，病馁交加，死于非命。作者编撰这个故事的目的是谴责战争，呼唤和平。枯井鬼所要的仅仅是入土为安，这几乎是死者最低的要求了。

申冤鬼

申冤鬼，做了鬼后冤案得以重申昭雪的鬼。

东晋陶潜著《搜神后记》记载了一件发生在西汉汉景帝（前156—前140）年间申冤鬼的故事。

长安县令段孝直，为官清正廉洁，远近闻名。他家有一匹宝马，一日可行五百里。不料，此马被雍州刺史梁纬看中。他自恃是皇帝的姻亲，就向段孝直索要。段孝直开始还婉言谢绝，后来见他不断地来纠缠，就正色说道："这匹马是先父生前所乘。先人的遗物，不忍一日舍弃，实难遵命。请刺史大人鉴谅。"梁纬见索要不成，就罗织罪名，将段孝直打入狱中。

段孝直在狱中受尽折磨。这一天，梁纬来见段孝直，问他考虑得怎么样。段孝直义正词严地说道:"你就是把我杀了,我也不会屈服。苍天有眼,一定不会饶过你。"梁纬冷笑几声就走了。段孝直自料死已难免,悄悄托人告诉妻子:"雍州刺史梁纬捏造罪名,陷害于我,为的是要夺走我们段家的宝马,他休想得逞!我遭此冤屈,死不瞑目。我死之后,你多保重,照顾好孩子。另取三百张纸、十支笔、五块墨放在我的墓里,我定要上诉天庭!"过了没几天,段孝直惨遭杀害,家人收尸埋葬,并将纸笔墨放在墓中。

过了几个月,汉景帝大会群臣,忽见长安县令段孝直出班上殿,进上奏表。表中说:"雍州刺史梁纬贪婪成性,依仗内戚权势,强行索要臣先父的宝马。臣不同意,梁纬竟然罗织罪名,将臣打入大牢。臣无辜受辱,上诉皇天。天帝怜臣冤屈,准许昭雪。特奏明陛下,为臣洗冤。"表中还列举了梁纬擅自违法作恶的二十一条罪状。汉景帝看完奏表,不禁大怒,抬起头来正要发问,段孝直忽然不见了。

汉景帝十分惊异,再一查问,果然段孝直数月前已被处死。于是下令将梁纬收监堪问,梁纬如实招供。汉景帝下诏,将梁纬押至段孝直墓前斩首祭奠,追赠段孝直为尚书郎、长安县令。

一场冤案在申冤鬼的上诉下,终于昭雪。

78 替死鬼

替死鬼,代替他人而死亡的鬼。

唐代戴孚的志怪小说集《广异记》中,就有这么一个替死鬼。

这是唐朝天宝(742—756)年间的事。剑南节度使章仇兼琼突然接到朝廷命令,催他尽快回京。章仇兼琼不知是凶是吉,犹豫不决。最后他还是决定回京，就打马上路了。他的马队不久就进入了陕西地区。队伍来到汉阴（今陕西南部），章仇兼琼指挥部下找驿馆休息，自己骑在马上漫步在汉江边的悬崖上。此时，雨越下越大，路越来越滑。忽然马蹄一滑，他连人带马一下子滚下悬崖。章仇兼琼当即气绝。

章仇兼琼被抬到驿馆时，其胸口尚存微暖，且久久不散。大家一边包扎抢救，一边派士兵设法找药。此地离彭州（今四川彭县）最近，于是那士兵赶至彭州，将此事报告刺史李先。李先知道急救的药物只有洛阳才有，于是一封急信送到洛阳都尉马将军处。马都尉得悉后，迅即找来各种最好的药丸药膏，连夜告别家小，亲自骑马日夜兼程地赶往出事地点。

汉阴驿馆里的侍卫们守候在主子身旁，焦急万分，忽然看见马都尉背着一个大包匆匆闯了进来。大家刚想招呼他，谁知马都尉一句话也没说就扑倒在地。众人忙上前去拉扶，却意外地发现他已断气了。侍卫们解下马都尉背上的药袋，赶到章仇兼琼的床边，一下子全呆住了：将军此时已醒来，且起身坐起，如同健康人一般，脸上的伤痕也不知什么时候全消失了。大家惊喜极了，你一句，我一言，把将军摔死过去的前后事情说了一遍。章仇兼琼看着地上躺着的马都尉，不免惋惜起来，吩咐侍卫明日抬上他一起去洛阳。

却说洛阳城里，马都尉的夫人正惦念自己的丈夫，好多天没有他的消息了。一天晚上，忽然一阵寒风将房门吹开，只见丈夫走进卧室。他跌坐在椅子上，叹息不已。夫人很奇怪："你怎么到现在才回来？"马都尉不说话。夫人再问，马都尉还只是连声叹息。她发现丈夫满脸泪水，脸色苍白。马都尉看了看妻子，无奈地说："我已代替章仇将军死了。""什么？你死了？"夫人放声痛哭起来，"不，不可能！你为什么要替他去死？""阴府判官对我说，那章仇兼琼现在不能死，以后朝廷还有大事需他去干，所以要我替他去死。""什么事要他去干？"夫人边哭边问。"判官大人不肯说。这是天机，不可泄呀！"马都尉接着说，"我实在无法可想啊，这是天命！只是想到我上任当都尉不久，却要我一个人离开家人，去遥远的阴府忍受凄苦。今晚特来与夫人诀别，我想章仇大人定会报答于我，来安排你日后生活的。"此时夫妻生离死别，痛不堪言。马都尉说："以后相见是不大可能了，你我天各一方，可恨啊！"说完就不见了。

夫人整夜痛哭，不敢相信丈夫会死。可是第二天早晨，一队士兵抬着棺木来到了她家，这时她终于亲眼目睹自己丈夫的尸体，眼前一黑便昏了过去。

不久，那剑南节度使章仇兼琼派人来到马都尉府上，送来了五万两银子，聊表自己的心意。他又另外送了许多礼品给彭州刺史李先，感谢他的急救之情。

五年后，节度使安禄山起兵谋反叛乱，章仇兼琼带兵也加入了镇压安史之乱的行列中。

这个替死鬼替得毫无道理。一个好端端的中级军事干部，为了所谓的高级军事干部将来会有大用处，就替他去死，真是说不过去。但这也反映了当时人们的价值观。

79

女色鬼

女色鬼，假扮成漂亮女人的鬼。

唐代戴孚的志怪小说集《广异记》中，便有一个发生在唐玄宗开元（713—741）年间女色鬼的故事。

薛矜在唐玄宗开元年间任京城长安尉，主管官市。所谓官市，就是在宫内所设的市肆，光顾者多为宫女。薛矜是官市的管理员，每天都要到官市上转一圈，今天在东市，明天在西市。

有一天，薛矜在东市，看见一辆非常漂亮的轿子。他想，此轿内坐的一定是一个绝代佳人。此时，适逢轿中的女子伸出手来接侍女递给她的物品，只见她的手洁白如玉，手指纤细如笋，薛矜顿生爱慕之心。于是他令左右侍从拿着一个精致的银质镂花小盒，到轿旁叫卖。女子叫侍女问价，侍从说："这是长安薛少府的东西，交代我们，如果是轿中的佳人要买，可赠送给她。"女子非常高兴地接受了，并再三道谢。薛矜乘机上前微微挑起轿子帘打量，只见那女子眉如弯月，眼如秋水，鼻若悬胆，口胜樱桃，活脱脱一个天女下凡。顿时把薛矜看得目瞪口呆，心旌摇荡。那女子对薛矜的轻佻，似乎并不怎么恼怒，对他嫣然一笑，说："我住在金光门外，郎君如愿意可以来找我。"把薛矜欢喜得不行，当即让左右侍从跟着轿子去认路。

第二天上午，薛矜早早梳洗完毕，用罢早餐，就令侍从引他前往女子的宅第。到了女子门前，薛矜让侍从送上名片，通报来到。一会儿，出来个侍女邀请薛矜在客厅里坐下，说："我家小姐梳妆完了就出来。"时值冬天，客厅里火盆生着火。薛矜觉得有点冷，就去烤火，发现这火没有一点热量，甚觉奇怪。少顷，侍女又出来，把他引进堂屋。只见堂屋里帷幔都是青色的。远处有一盏灯，灯光微暗，而且忽远忽近，飘移不定。薛矜心中怀疑是不是遇见了鬼，但一想到女子的美貌，又不忍心当即离去。侍女传报："我家小姐请你进去。"薛矜走进屋内，见女子坐在帐中，以罗巾蒙着头，似是睡去模样，大有海棠春睡的娇态。薛矜色胆包天，挨近她身，就去揭她的面盖。不料罗巾似乎像粘着似的，费了好大的劲才扯下。只见那女子全然没有昨日的天仙美貌，分明是一副青面獠牙，面长一尺有余，声如狗吠。薛矜当即被惊吓得气绝倒地。

侍从在外等了好久，不见薛矜出来，也听不见有什么声息，就走了进去。这哪里是什么闺房，原来是一间墓室，薛矜躺在地上，已无插脚之地。侍从推倒墙壁，扶起薛矜，摸摸心口，发现还有余温，赶紧移至附近的旅店调养，大致一个月，方才苏醒过来。

薛矜从此再也不敢随便接近女色了。

这个女色鬼还算是一个正面形象。

第八章

悪鬼部

傻鬼

傻鬼，被人欺骗、出卖的鬼。鬼不都是精灵古怪的，也有傻呼呼的，有的鬼就经常受人的欺骗，甚至被卖掉杀了吃。

清代乐钧著《耳食录》记载，绍兴人田乙就是专干卖鬼勾当的家伙。他的绰号叫"田卖鬼"。

这和他青年时的一次奇遇有关。二十多岁的时候，游手好闲的田乙在夜里于野外游荡。忽然，他看见一个怪物，耸着双肩，弓着脊背，长着像车轮一般大的头。田乙厉声问："你是什么东西？"怪物答道："我是鬼，你是什么呢？"田乙想看看鬼能有多少变化，就骗它说："我和你一样，也是鬼。"鬼一听，高兴得跳起来，伸出双手来抱他。田乙只觉得鬼的身体冰冷彻骨。鬼碰到田乙温暖的身体，吃了一惊，怀疑地问："先生的身体太温暖了，恐怕不是鬼吧？"田乙随口答道："我是年轻力壮的鬼，所以身体暖。"鬼就不怀疑他了。田乙问鬼有什么本事，鬼说会耍把戏，当即用双手摘下头颅，放在腹部，头就像长在肚子上似的，没有一点拼接的痕迹。接着鬼又把头取下来安在臀部，一会儿又放到胯下，无论放在哪个部位，头都会马上长在那里。鬼把头取下，分成两半，又分成四份，再分成六份，一直到十多份，都能重新合起来。然后它又把头抛到空中，投到水里，放在地上旋转，最后仍然接在脖子上。各种奇幻的变化，都被田乙看在眼里。鬼玩够了，请田乙也来变变，田乙骗它说："我饿极了，没时间变戏法，想到集市上找点吃的，你能和我一起去吗？"鬼爽快地答应了。

半路上，田乙问它："你做鬼有几个年头了？"鬼叹息一声说："唉，有三十年了。"又问它："你平时住在哪里？"鬼说："我平时并没有固定的住处，随遇而安。你呢？"田乙答道："我是新鬼，不知道哪里可以靠近，哪些事应该躲避，你教教我好吗？"鬼于是倾囊而出，说道："鬼是阴类，喜欢妇女的头发，忌讳男子的鼻涕。"田乙暗暗记在心里。

走了一会儿，又遇上一个鬼，又瘦又长，就像一段枯木。原来的那个鬼朝它作了一个揖，说："阿哥，近来好吗？"又指着田乙说："他也是和我们一样的。"那瘦鬼和田乙打了个招呼，于是就一起去集市。

将要到集市的时候，天快亮了，两鬼越走越慢。田乙惟恐它们隐形，就走在两鬼的中间，用手分别按住它们的肩膀。两鬼觉得不对劲，大声叫道："先生难道不怕天亮吗？你一定不是鬼。快快放手，不要逼我们。"田乙不理它们，手上抓得更紧，脚下也跑得更快。两鬼苦苦哀求，渐渐地没了声息。天亮了，田乙低头一看，手中的两鬼已变成两只鸭子。怕它们再变，田乙赶忙向鸭子

打了两个喷嚏，把鼻涕擦在它们身上，拿到集市上，卖了三百钱。

从此以后，田乙每夜都拔下妻子的几根头发，到野外去引傻鬼。傻鬼有的变成羊或猪，有的化作鱼或鸟。田乙将它们卖掉，或换成别的食物，做成美味吃了。

81

伥鬼

伥鬼是由被老虎吃掉的人所变。此鬼的灵魂由此依附在老虎身上，变成老虎吃人的向导，所谓"为虎作伥"。伥鬼的模样同人无异，但在深山老林中，也容易辨别。据说，男子左手没有小指头，而女子右手没有小指头，一看便知。

清代纪昀著《阅微草堂笔记》记载过一个道士模样伥鬼的故事。

话说清代吉州几个商人，

把货物驮在骡子身上，进了一座深山。山路蜿蜒，十几里路不闻人语。转过一座山头，商人们突然发现前方站着一名道士。他身穿青色道袍，头戴棕帽，白面长髯，身形瘦削。在这寂无人烟的荒山中，倒也引人注目。

骡帮走近了，那道士用手中的尘尾指着一名商人说："你叫什么名字？""我叫黄阿福。""是何方人氏？"商人照实做了回答。"哦，吉州黄阿福。是了是了，那正是你。你原本是上界的仙人，谪居尘世。如今谪期已满，可以重返仙界，我是你成仙前度化你的本师，所以特地来接引你，你现在赶快跟我去吧！"

那黄阿福觉得奇怪，心想：我从小到大没有念过书，斗大的字不识一个，哪里像是仙人转世？这一行货物还没有脱手，家里父母妻儿等着我赚钱回去，我又怎能丢下他们不管？越想心里越疑惑，于是说什么也不愿意随道士走。

那道士见劝说无效，叹息一声，转头对众人说："这人迷了本性，自甘堕落红尘，我也不能勉强。他既不去，仙界

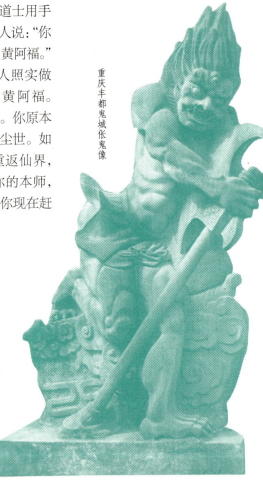

重庆丰都鬼城伥鬼像

就空出了一个位置，你们可以补上。诸君今日有此际遇，足证也有仙缘。哪位愿随我去？机不可失，时不再来，这可是千载难逢的好事啊！"商人们面面相觑，也觉得十分突然。骡子一头头摇头晃脑，商人们如梦初醒，还是销掉货物要紧。于是一个个摇摇头，赶着骡队走了。那道士显出气呼呼的表情，往一条茅草丛生的小路走远了。

商人们走出山口，寻着旅店。他们把在山中遇到的这件事向众人说了一遍，众人都说："这个道士，说不定真是神仙呢！"其中有个好事者，第二天还特地沿着商人的原路去看个究竟。他找到那条岔出的小路，走了一段，就发现一堆堆白骨，有的残骸上还留着深深的齿痕，一看就知道是被老虎吃掉的，吓得他扭头就跑，一口气逃回了旅店。

这一来大家才明白，那个道士是一个伥鬼。伥鬼就是被老虎咬死的人所化的鬼魂。但他不仅不向老虎复仇，反而甘心为老虎所役使，设法引来生人送入虎口。黄阿福及其他商人无不感到庆幸。

82 雷鬼

雷鬼，能够引发雷电伤及人类的鬼，亦称雷怪。此鬼长相奇特，头如猿猴，唇似朱砂，目若镜面，头上长有长角，短者三尺，长者六尺。全身皮肤青绿色，背后长有青绿色肉翅，展开长丈余，能够飞翔入空。尾部长有飞豹一般的尾巴，可以支撑其坐。它的手足却是黄色的。它常常伴随着雷鸣闪电，飞翔在空中，手里或握有一柄板斧，或握有一节长棍，漫天飞舞，引导雷电伤人。

民间传说，唐朝有个"雨师"陈鸾凤降服雷怪的故事。

唐宪宗元和（806—821）年间，海康（今属广东）人陈鸾凤很受当地老百姓推崇，因为他有胆有识，不畏雷怪。

海康一名雷州，有座雷公庙。庙内供奉的雷公，很受当地百姓信奉。四时八节，供品不断，香火旺盛。那年，海康大旱，井干见底，田土龟坼，禾稼焦枯。百姓三五成群，结伴给雷公上供，祈求雷公显灵，及时天降甘霖，以解干旱之苦。

百姓哀哀号哭，嗷嗷待哺。但是，雷公一副铁石心肠，表情依旧，毫无反应。于是，百姓称呼雷公为雷怪。

面对毫无作为的雷怪，勇士陈鸾凤拍案而起。他赶到雷公庙，怒斥雷怪道："本乡乃是雷乡，雷神理当降福于民。你难道没有看到稼穑焦枯，河塘干涸？你只知道享用百姓用血汗贡献的美味珍品，却没有丝毫恻隐之心，见死不救，还留你干什么？"说完，一把火将雷公庙烧个片瓦不存。

陈鸾凤针对雷怪麻木不仁的特性，故意刺激雷怪，以引它兴风作浪，普降暴雨。当地

人都知道的民俗：黄鱼不能和猪肉拌和在一起吃。谁要是这样吃了，必遭雷怪击毙。当地人笃信这个传说，无人敢于触犯天条。陈鸾凤为了刺激雷怪发作，携带不怕雷电的竹炭刀，故意来到旷野之上，大张旗鼓地吃起黄鱼拌猪肉。果然，雷怪见此，怒不可遏，发起威来。此时，怪云迭生，雷电交加，恶风骤起，暴雨如注。霹雷闪电，直扑陈鸾凤。陈鸾凤毫不畏惧，拼足力气，将竹炭刀向雷电猛然劈将过去。这一刀，恰好把雷怪的左腿斩断。雷怪从云端掉落下来，原来是一只熊猪模样的怪物。它有毛有角，有青色肉翅膀，手握一把短柄的石斧。它在地上痛得直打滚，创口血流如注。

后来，雷怪不断报复陈鸾凤。他住到舅兄家，雷怪焚烧了他的卧室；他住到寺庙里，雷怪焚烧了他住的寺庙。他躲进山洞，雷怪就找不到他了。

从此，每逢干旱，百姓找到一个方法，就是请陈鸾凤将

黄鱼拌和猪肉一起吃。陈鸾凤从不拒绝，如法吃完后，就手握竹炭刀在旷野上挺立。雷怪见之，愤怒异常，即兴风作浪，雷霆万钧，狂风骤起，暴雨如注。这也就解决了干旱问题。陈鸾凤就这样同雷怪对抗了二十余年。

看起来，若想雷怪听人指挥，还得想些办法制伏它，调动它。

蛇鬼

蛇鬼，被人杀死的蛇，死后变成的鬼。蛇鬼是有仇必报的。《搜神记》记载，一个猎人在山中遇见一条大蛇，此蛇横卧在山路上，猎人用箭将它射死。三年后，猎人和朋友重回此地，猎人触景生情，便借机吹嘘自己当年的战绩。不料，当天夜里，蛇鬼便进入了猎人梦中，说当年老子因喝醉酒被杀……结果第二天，人们发现猎人横尸在山路上。

谷神子著唐代传奇集《博异志》中还记载了一个蛇鬼诈财害人的古代传奇故事。

唐宪宗元和（806—821）年间，陇西人盐铁使李逊之子李黄，因等候调官令来到京都长安。李黄是个纨绔子弟，凭靠老子的余荫，等待异地升官。这一日，他闲来无事，带着几个家奴到东市闲逛。李黄正在看热闹，突然看见一大群侍女簇拥着一辆牛车嘚嘚驰来。李黄好奇地注视着牛车，忽然一阵风吹来，将轿帘拂开一角，哇！里面隐约可见一位遍体白衣的绝色女子。虽是惊鸿一瞥，但佳人那绰约的风姿已令李黄痴迷。他春心荡漾，紧跟几步，追上最末一位侍女问道："敢问你们家小姐是哪位的千金？"

侍女答曰：不是小姐，姓袁，是李家的儿媳，刚刚死掉丈夫。今天脱去孝衣，到市上买些布匹，回去做几套衣服。

连环画《蛇鬼争老公》封面

李黄忙问侍女："你家娘子还肯嫁人不？"侍女拂袖答道："不知道，你去问她吧！"

牛车停住，侍女忙着为其家娘子挑选布匹。李黄灵机一动，买了好多丝绸锦缎。然后，请侍女代为送给袁娘子。侍女为难地加以拒绝，并说："就算由你贷款，请你跟着我们回家取钱还给你。"李黄答应了，暗暗高兴，等着接近轿内的佳人呢。

李黄骑着马，跟着牛车踽踽而行。天完全黑了，牛车才停住。白衣女子被众人围着簇拥进入宅门，李黄什么也没看见。等了好长时间，李黄才被请入宅内。只见庭院中站着一位妇人，自称是袁娘子的阿姨。她对李黄说："你买的那些锦缎，比我们平日买的要好得多，但不知价钱如何？"李黄表示不值几个钱。阿姨说道："我家负有三十千债务，郎君若真的喜欢她，就替我们还了此债，我们姑娘即愿随侍终身。"李黄大喜，深深一揖，说道："如此就一言为定了！"转身命随从回府取钱即来。仆人打马飞奔，不一刻工夫就带钱赶回。姨娘也十分欣喜，命人大开厅堂之门。只见屋内灯烛辉煌，佳肴满席。白衣女郎脸挂微笑，端坐案前。李黄落座。席间侍女穿行左右，殷殷服侍。白衣女郎把盏对酌，妙语连珠，李黄心醉神迷，痛饮不止。

如此一连住了三日。到了第四天，姨娘跑来对李黄说："李郎一住数日，家中一定十分挂念。你应该回去交代一下，再来也方便得很呀！"李黄认为言之有理，便告辞回家。住在外院的仆人扶他上马时，忽然闻到李黄身上有一股腥臊之臭，但不敢说。

李黄回到家中，用话搪塞过了家人的问询。但他突然感到身重头旋，便合被躺下。妻子郑氏问他，他也不予搭理。第二天，李黄感到自己不行了，连忙呼人帮自己搬开被子。郑氏掀被一瞧，只见床上唯有积水一摊，剩下一个头颅。众人惊骇失色，召来仆人查问究竟，仆人一一道来。

众人依言，赶往李黄昨日所去之处，唯见一空园。内有一棵皂荚树，树枝上缀挂十五千钱，还有十五千钱堆在树干周围。什么厅堂，什么美人，哪有半分踪影！问附近人，都说这里常常有一条很大的白蛇出没，没人敢靠近空园。众人顿悟：那三十千钱，正是李黄为那白蛇还的债务！

富有的官二代禁不住美色的引诱，终于招来杀身之祸。这也许是本篇传奇的本义。

墓鬼

84

墓鬼，在墓地出没的鬼魂。

在古代，应试的书生常常能碰到墓鬼，扰乱

考生的心智。说白了，就是墓鬼扮演了影响高考的角色。

唐代李复言著《续玄怪录》中便记载了一个墓鬼的故事。唐宪宗元和十二年（817），书生张庾携带书童到京城长安去应试。他们借住在城里某友人的空屋里。某晚，书童入睡，张庾独自在庭院里散步。忽然，他闻到一阵阵馥郁的香气，心里正觉得奇怪。不久，听到有杂沓的脚步声渐渐走近大门。张庾悄悄掩在门后偷听。蓦地，大门吱呀一声被人推开，络绎拥进一群十八九岁的标致丫鬟来。她们七嘴八舌地说："月下散步寻幽揽胜，不一定要到曲江池边乐游原上，就像这院子里有石桌凳紫藤架，不一样可以游赏宴乐吗！"一边说，一边又从门外引进七八个身穿华丽丝绸衣裳、佩戴金珠首饰、容貌美艳无比的少女，看样子好像王公贵族家的公主小姐。

张庾吓得心中直跳，蹑手蹑脚地从门背后踅进堂屋，从门帘的缝隙里向外偷看。只见那些少女从容地走到紫藤架下，丫鬟们有的铺排桌椅、张罗酒席，有的放置杯盘食物、整理丝竹乐器。席面上尽是一些白玉盘、夜光杯、玛瑙壶、鎏金匙之类的奇珍异宝。那八个少女团团围着桌子坐下，靠后排坐着十个拿着各种乐器的丫鬟。乐声刚要奏起，一个少女突然说："未禀报主人就打算奏乐，岂不太怠慢疏忽了吗！夜色已深，大概你已脱下帽子准备安息，那就在头发上简单扎块纱巾出来，更显得脱俗自然。"这话好像直接面对张庾说的。张庾深怕那丫鬟进屋来传话，赶紧把堂屋门关紧闩上。

那丫鬟果真到门口敲门问道："有人吗？有人吗？"张庾在门里不敢应答。丫鬟推门推不开，只得退回。另一个少女插口道："我等宴会欢聚，谁也不能偷看一眼。既已进了他的家，不去请，他也该拜见我们才是。莫非他有贵人的命，所以不把我们放在眼里？既然叫他也不应，何必再去请！"于是，乐声四起，她们开始饮酒行令。宴会之豪华，难以形容。

张庚心里明镜一般：附近居民稀少，不远处有不少坟墓，夜里实行宵禁，她们不是狐精，便是鬼怪。趁现在自己还没有被她们迷住，赶紧把她们赶跑。等一会儿要是被她们迷昏了头，那就来不及了。主意已定，他就悄悄地取出一块垫床脚的砖头，慢慢把门打开，一下子冲出，奋力把砖头向宴席上掷去，乒乒一声正击中台面。那些少女丫鬟，发出一迭声惊叫，纷纷跳起身来，七手八脚抓取桌上的器皿，四散奔逃，霎时间不知去向。但是，有一个丫鬟被张庚追上，从她手上夺得一只酒杯，张庚一把揣进怀里，一转眼那丫鬟也不见踪影。

天明以后，张庚取出酒杯，看那质料，非金非玉，晶莹透亮，流光溢彩，其奇巧珍贵，可说是生平未见。后来，有人在欣赏此杯时，失手落地，突然无影无踪。

第二年春，张庚考中了进士。

其实，那些美女丫鬟都是坟丘里的墓鬼。书生张庚面对美色的陷阱，坚定信念，不为所动，迎头痛击，粉碎诱惑，终于攀上高峰，取得桂冠。

85

吊死鬼

吊死鬼，因上吊而死亡的鬼。民间传说吊死鬼很可怕，但吊死鬼也怕一身正气的人。

清代袁枚著《子不语》便记载了一个吊死鬼的故事。清朝康熙年间有位清官，叫陈鹏年。他年轻的时候，曾经用吹气的方法击退了一个吊死鬼的纠缠。

青年秀才陈鹏年在一个夜晚，到好友李孚家串门。李孚到内屋叫妻子备酒，自己去到

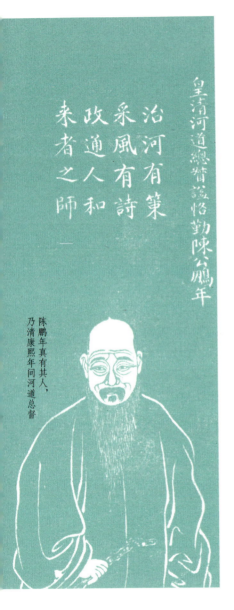

皇清河道總督諡勤陳公鵬年

治河有策
采風有詩
政通人和
來者之師

陈鹏年真有其人，乃清康熙年间河道总督

酒店打酒。陈鹏年闲着看书。此时，只见一个头发蓬松的妇人推门进来。陈鹏年以为是他家亲戚，就斜过身子退避，那妇人于是匆匆而过，进了里屋。陈鹏年不经意间似乎瞥见那妇人从袖子里拿出什么东西，塞在门槛下。他感到很奇怪，就走过去把它拿出来看看。一看，原来是一段绳子，上面有斑斑点点的血迹，发出一股刺鼻的血腥味。陈鹏年分明意识到那妇人是个吊死鬼，就把绳子塞进靴筒里，仍然装着看书。

过了一会儿，那妇人出来，往放绳子的地方一摸，绳子不见了。她大发雷霆，向陈鹏年大叫道："把绳子还给我！"陈鹏年故意装糊涂："什么东西？"那妇人不再说话，挺直了身子，张开大口向陈鹏年吹气。陈鹏年只觉得一阵阴风扑面而来，冷得人毛发竖起，牙齿直打战。屋里的油灯也要熄灭。

陈鹏年面对鬼吹来的冷气，镇定地想："鬼尚且有气，我一个顶天立地的男子汉就没有气吗？"于是，就站立起来，鼓起腮帮子，也向妇人用力吹气，气吹到妇人胸前，那儿立刻出现一个空洞；再吹，妇人的腹部不见了，人分成两截，那上半截在空中飘飘悠悠的。陈鹏年更加鼓劲吹去，一会儿，妇人的胸部不见了，接着头也消失了，最后整个身子化成了一团轻烟，渐渐散去，无影无踪。

此时，李孚拿着酒进来了，放下酒进屋拿东西。一进屋，就大叫不好。原来他妻子寻了短见。陈鹏年连忙进屋，帮他解下妻子，安慰他别着急。"没事，吊死鬼的绳子还在我手里呢！"于是，把刚才发生的事简单地述说一遍。

果然，没多久，李孚的妻子就醒了过来。问她为什么要上吊，她说："家里这么穷，丈夫又好客，值钱的只有戴的一根银钗了，刚才他又拿去换酒。我心里很闷，只想哭。可外面又有客人，不敢哭出声来。忽然见到一个妇人进来，自称是隔壁邻居，说丈夫拿钗去赌钱去了，不是换酒招待客人。我更加气愤。那妇人把手围成一个圆圈，对我说：'从这里钻进去，就到无忧无虑的佛国天堂了。'我不由得往里钻，可妇人的手总是套不牢，一钻就散了。妇人说：'我去拿佛带去。'转身出去，再也没来。我恍恍惚惚像是做梦，直到现在才清醒过来。"

李孚安慰了妻子几句，拉着陈鹏年到门外赏月饮酒。酒不好，可陈鹏年感到比玉液琼浆还要醇美。

陈鹏年击败吊死鬼，靠的是胸中的一股浩然之气。这股发自内在的强悍正气，可以击败妖魔鬼怪的萎靡邪气。养好了自己的气，就能够战胜人间一切邪恶，吊死鬼当然不在话下了。

落水鬼

86

落水鬼，又名溺鬼、水鬼、水浸鬼，是指掉落在水中溺死的鬼。据说，溺鬼一般长着绿色或红色的眼睛。其皮肤像抹了油一样的黏滑，可以像鱼一样在水中快速游动。它的特异功能是，在水中其力气变得像十个成年男子加在一起那么大。它总是想把人拉到水里淹死，作为自己转生的替身。它最害怕火和热。

落水鬼也有变化成孩童形象的，借以作祟。唐代牛僧孺著《玄怪录》中便有这么一个落水鬼的故事。

唐朝京都长安（今西安）有一个绰号韦大胆的小伙子，有一个关于他试住将军旧宅官邸，遇到落水鬼的故事。韦大胆父辈曾任京城小官吏，他勉强可以称为官三代。此人不务正业，游手好闲，其生性好勇斗狠，胆大妄为。

一群市井无赖听说韦大胆口气蛮大，敢于独自住进空旷旧宅，就决心试试他的胆量。于是，就提议让他试住长安延康坊东北角的一座几十年的老宅。此宅先前是姓马的镇西将军的官邸。因为其中常常出现妖怪，吓得马姓子孙不敢居住，已经空置多年，破旧不堪。大家就提出让韦大胆去住一宿，韦大胆一口应允。

一班人准备了吃喝的东西，陪着韦大胆走进了那座废宅。他们略加清扫，看看天色已晚，就都退出了，只留下了韦大胆。旧宅规模很大，前后好几进，屋后还有花园。园中池塘、假山、凉亭，一应俱全。韦大胆坐在亭中石桌边喝酒，喝了半天也不见什么动静。于是，就在亭角一张竹床上纳头便睡。

话说到了夜半时分，韦大胆被一阵凉风吹醒，睁眼一看，已是月过中天，万籁俱寂。他无意间朝池中望去，朦胧中好像水面有一个黑点在缓缓蠕动，瞪眼仔细一瞧，只见从水中冒出一个孩子，看样子只有一尺多高，上身短而双腿细长，肤色黝黑，载沉载浮地上了岸，沿着石阶向亭子走来。韦大胆假装熟睡不动。那小孩来到竹床边站定，开口说："躺着的坏家伙，干吗扭头看我？"韦大胆仍旧鼾声如雷，纹丝不动。小孩儿呆了片刻，又绕着竹床兜了一圈，走到韦大胆的脚边。这时韦大胆翻了半个身子，从侧睡变成仰卧，还是不住地打鼾，但暗自感到那孩子已慢慢攀上了床。不一会儿，觉得有两只小脚踩着自己的小腿向身上走来，一步步走得很慢。只是那双小脚冰凉如铁，寒彻心肺。韦大胆还是耐着性子一动不动，等到那孩子渐渐走上自己的肚子时，突然伸手一把将他抓住，坐起来一看，捏在手里的却是一只铁铸的古鼎，三只鼎脚中已经缺损了一只，就抽下裤带把它缚在床角上。

第二天一早，那一班人来看有什么结果。韦大胆就拿出铁鼎，把昨夜碰到的事情讲给他们听，大家都啧啧称奇。于是众人弄来一把锤子，把铁鼎砸成碎块，在块块碎片上，居然都渗出鲜红的血丝。

从此以后，大家对韦大胆能镇压古宅妖怪的狠劲，个个信服。他的名声传遍了长安城。

其实，这个破旧铁鼎，因世代久远，落水成精，变成孩童，借以戏耍世人。世人不察，被其戏耍。韦大胆恢复了事情的原貌，真相不过如此而已。

87

旱魃鬼

旱魃鬼，传说中能引发旱灾的鬼。据说，是死后一百天的人的尸体所变。变为旱魃的死人尸体不腐烂，坟上不长草，而且坟头往外渗水，坟丘一片绿色。在大旱之年，旱魃还会往家里挑水。民间传说，只有烧毁旱魃，老天才会下雨。因此，中国部分乡间一直存有燃烧旱魃的习俗。不过，所燃烧的旱魃是草秸扎制的。

清代王韬著《淞隐漫录》中有一个青年陆锟勇除旱魃鬼的故事。

青年陆锟，自幼习武，拳术高超，身手不凡。他在山东、河北一带漫游，没有遇到过对手。话说济南人李大，以长途贩运为生。一次，李大为官府投递文书，住宿在破庙之中。因该庙毁损太重，他只能钻进一个破败的大鼓里，暂时安身。

睡到半夜，他被一阵喧闹声惊醒。探头一看，只见十几个人正蹲在院子里分东西。这是一伙盗贼，分完东西，就作鸟兽散，只留下两个人。他俩躺在台阶上睡着了。不久，其中一个突然跳起来，一刀杀死同伴，抢了他分的那份，溜出庙门。李大看得心惊肉跳，决定尽快离开。

恰在此时，忽然有阵旋风从后殿刮来，一个似人而非人的怪物，一跳一跳蹿到院中。它浑身长满绿毛，两只眼睛扑闪着鬼火似的绿光。见了阶下的尸体，怪物拍掌大笑，声音就像猫头鹰的怪叫。怪物用双手把尸体撕裂成一块一块，放进嘴里大吃起来，发出清脆的嚼骨头的声音。怪物吃饱后跳进后殿，不再出来。李大赶忙踏月而逃，直到天亮也不敢停步。

大户遭抢，县令下令拘捕。李大也被抓了起来，从他身上搜出官府文书，县令问他是怎么回事。李大一五一十地叙述了夜里在庙中看见的情况。县令命令衙役按李大提供的线索进行埋伏，一举抓获十几个强盗。

这一年，该地大旱不雨。县令想起李大所说的怪物，就是旱魃鬼，要尽快除掉。于是张榜悬重赏招募能人捕捉。这时正巧陆锟来到济南，众人就推荐他去应聘。陆锟应聘后，来到庙里四处搜索，毫无踪迹。他就学李大的样，夜里藏身在鼓里偷看。到了半夜，陡然听到一阵呼啸之声，怪物已经来到面前，一下子把鼓捣毁成几十块碎片，陆锟被摔到地上。陆锟闪身钻到怪物胯下，用刀猛刺怪物，但却像砍到石头上；正想再刺，刀已经被怪物抢去，折成几段。陆锟环顾殿中，见没有一件东西可以抵挡怪物，就急忙藏身到供佛像的佛龛后面。怪物追过来打碎佛像，正打算对陆锟食肉吸血，没想到佛像肚皮上盘着一条巨蛇，把怪物的颈子紧紧地缠绕三圈。怪物无法挣脱，只是伸出两只手臂在空中乱抓。陆锟急忙跳出来，拾起地上的断刀，用力向怪物的肚皮猛插，刺进去有一尺多深。怪物大叫一声，瘫倒在地而死。这时大蛇又神秘地游走了。这个怪物全身就像铁石一般坚硬，只有脐下三寸之处才可以制其死命。

天亮时，众人聚集，见了怪物无不称赞陆锟胆大艺高，而一点也不知道他是靠了神的帮助。大家把怪物投入大火焚烧，鬼气冲天，传到几里之外。当天就天降甘霖，大雨倾盆，旱情解除，到秋天获得了丰收。

88

风流鬼

风流鬼，死后到阴间沉溺淫荡邪恶生活的鬼。此类鬼在阳世是正派人，到了阴间反而不加检点，做出了越格的事。看起来，人无论何时都要严格要求自己，即使做了鬼。

宋代《异闻总录》里记载了一个即便到了阴间也不加检点的风流鬼的故事。

嘉兴县令陶某，有个儿子陶甲，闭门读书，中规中矩。有一天，突然患上了怪病，时而狂笑，时而浪语，与平时判若两人。父母百般规劝，收效甚微。拜请当地有名的巫师来家，画符念咒，均不见效。这可急坏了陶老县令。

杭州天竺寺著名的辩才法师恰好有事到嘉兴。陶县令听说辩才法师来了，赶忙将儿子得病的缘由写成书面材料，立即乘坐官轿，亲自登门送上。两人见面晤谈。陶某脸色惨淡，将文书双手捧上，辩才接过，急忙细看：

　　我儿陶甲，近来不幸染上怪病，嬉笑无常。刚得病时，有个妖娆女子从外面进门，与我儿调笑。过很久，一起外出，走到河边，女子留下一首诗，就不见人影。诗曰："生为木卯人，死作幽独鬼。泉门长夜开，衾帏待君至。"从此以后，经常来我儿处胡缠，并且说："仲冬之月，二七之间。月盈之夕，车马来迎。"现在离女妖所说的日期已很逼近，还没有对策。恳请大师父哀怜拯救。

　　辩才看后一口应诺。他拄着拐杖，跟着陶令回家，清扫出一块地面，搭建戒坛，坛上安置一座观音菩萨像。他取净瓶里的杨柳枝，蘸着露水，洒在地面，口里不停地念咒，绕着法坛打转。作法多时，辩才方回寺歇息。当天夜里，陶甲呼吸均匀，睡得香甜安稳。一早醒来，觉得精神好了许多。

　　起早，辩才来到陶家。他登上戒坛，双腿跏坐，下令把浪言浪语的陶甲带到跟前，问道："你居住在哪里，为什么来到这里？"陶甲发出女人的娇柔声音答道："会稽（今浙江绍兴）东面，卞山之阳，是我的家，古木苍苍。"辩才又问姓什么。陶甲吟两句诗作为回答："吴王山上无人处，几度临风学舞腰。"辩才立即说："你莫非是柳氏么？"陶甲羞怯怯嫣然一笑，算是默认。辩才法相庄严，大声喝道："你成为鬼魂以后，迷失本性，追求享受，所作所为越来越沉溺于淫荡邪恶，以至在阴世流浪千劫，不得解脱。你已经堕入魔道，造成许多灾难，伤害无辜好人，你知罪么？"陶甲战战兢兢，扑通一声跪倒在地，叩头如捣蒜。辩才又说道："我今天来指点迷津，你仔细听了！有《楞严经》秘密神咒，我传授给你，你牢牢记着，经常念诵。但必须洗心革面，痛改前非，恢复你本来的清净面目，才能解脱超度。"陶甲只是点头，两眼泪留，继而号啕大哭，神情惨伤。

就在这天夜里，柳氏来到陶甲身边，与其恋恋不舍地告别。陶甲业已清醒，但毕竟恓惶。过了二日，柳氏又突然来了。她提议最后再饮一次酒，以此了断。陶甲摆上杯盘酒菜，二人互道珍重，从此永别。柳氏绝迹不来，陶甲亦渐渐康复。

混吃鬼

89

阴界也有混吃混喝的鬼。南朝宋刘义庆志怪小说《幽明录》里的王二死后就变成了这种鬼。

王二死后变成了鬼。因为初次来到阴曹地府，不懂如何混饭吃，所以不到一个月，就已饿得皮包骨头。一天，他独自在小路上游荡，突然看见一个肥头大耳的中年人，腆着大肚子一路走来。王二仔细一看，这不是二十年前早已死去的村东的郭四吗？如今竟如此发福，差点认不出来了。王二走上前去套近乎。起初，人家郭四根本认不出王二，后来王二说："你不认识二十年前与你一起进城贩菜的王二了吗？"郭四仔细一瞧，认出面前的人就是王二。于是，王二向郭四讨教在阴间混饭吃的方法。郭四念及同乡的情谊，就毫无保留地对他进行施教。郭四带着王二走到一个村落旁边，指着村落说："走，到村里人家作怪去，你一捣乱，人们害怕了，就会给你吃的东西。我就是刚从那里来的。"王二没等郭四说完，拔腿就向村子跑去。

王二一口气跑进村东头，进了一户人家。此屋堂中桌上供着一尊观音菩萨，香烟缭绕。这家是信奉佛教的。王二走进西厢房，看见一个大磨盘，边上放着一大篓麦子。他灵机一动：我就在石磨上作怪，让主人大吃一惊。于是，他开始推磨碾麦子，想着主人过会儿会给他好吃的。磨子越推越快，恰逢这家一个老汉走来，看见大石磨在奇怪地自己飞转，白花花的面粉不断地碾出来，大吃一惊，接着大叫："老太婆，快来，把家里的麦子全抬过来。我们天天拜观音，观音菩萨可怜我家穷，又没有劳力，今天显灵为我家碾麦了，快来呀！"转眼天黑了，麦子磨完了，老汉老太也累得躺下了。王二累得眼冒金星，什么东西也没吃到，两手空空地离开了这户人家。他心里懊丧，直骂郭四。但想，也许明天会好起来。

第二天，王二又来到村西口。这家供着太上老君，是信奉道教的人家。王二看见门外墙边有一个大石臼和一个大杵，一个大篓子里盛满谷子。王二想引起这家的注意，就顺手拿起大杵，开始使劲舂谷。

这声音引来一个小媳妇。小媳妇看见大杵自动在石臼中舂米，高兴得拍手大笑："哈，听说昨天观音菩萨帮助村东头张家磨麦。今天太上老君可怜我丈夫出门，无劳力，也作法帮我舂谷子呢！"天黑了，谷子也舂完了。王二空忙一场，肚子饿得咕咕叫。他只得筋疲力尽地离开了这个村子。

月光下，王二突然看见郭四摇摇晃晃地走来，嘴里喷出浓浓的酒气。王二此时再也忍不住了，上前一把揪住郭四的衣领，厉声道："你忘恩负义，如此戏弄我。我白白地给人家干了两天活，连一滴水也没沾上口，真气死我了！"郭四问明原委，连忙说道："这两户人家都是信教的，心诚于神，你去作怪没有用。你应该去找那些不信教的人家才能成功！你懂吗？笨蛋！"

天亮后，王二又来到另一家。走进门，看见几个女人在吃早饭，地上蹲着一只大白狗。王二悄悄走到白狗边，抱起那狗就在屋子里乱跑。吃饭的女人看见白狗在空中转圈，个个惊讶不已纷纷说："出怪事了，出怪事了！"其中一个人跑出去，找来一个老巫婆，指着在空中乱转的白狗给巫婆看。这巫婆看后，闭眼给占了个卜，睁眼对那家女人说："快，把狗杀了，准备一桌饭菜。你家有鬼在做客，他想要吃点东西。"女人们听了，忙请人把大白狗杀了，又去集市买回鱼肉酒菜，烧了一桌丰盛的宴席，点香叩头说："鬼老爷，您请用吧，您请用吧！"

王二高兴极了，迫不及待地跳上桌子，狼吞虎咽起来。不多时，就遍地狼藉，东西全部吃光。王二抹抹嘴巴，拍拍肚子，心想："郭四到底是个过来之鬼，经验丰富，这一招真灵！"从此，王二就专挑那些不信教的大户人家，变换着法子作怪捣乱，然后大吃一顿，总算脱离食不果腹的苦日子了。

这个故事大概是那些信教信佛的人编造出来的。用这种方法劝诱人们皈依宗教，就显得不那么聪明了。

90

枉法鬼

枉法鬼，冥界贪赃枉法的鬼。

唐朝时，有一个阴间贪赃枉法的鬼的故事。

唐玄宗开元（713—742）年间，洛阳县令杨场外出，从大槐树荫下走过。县令经过，百姓照例应当回避。大槐树下有个占卜的人，没有回避，端坐不动。杨县令感到意外，就命衙役将他押到县衙门大厅，准备痛打他几板子。

杨场亲自责问，占卜的人毫不示弱，说道："您是两天的县令，凭什么责问人？"杨场听后十分惊讶，追问到底是怎么回事。他十分露骨地说："两天以后，您就会死亡。"杨场听后，如雷轰顶，忙追问他是从哪里知道的。占卜者说，他看到了阴间的生死簿，杨场在劫难逃。

此时，杨场冷静下来，思虑对策。他想还是得依靠占卜者，就对他说："您能知道这件事，也一定能祈祷驱除这场灾难，我怎样才能获救呢？"说完，拜了又拜。占卜者说："我会把这件事，求求阴间的办事人员。能不能免除死亡，我还不知道。"于是，他把杨场带到东院的亭子间，让杨场披散着头发，光着脚，面对墙壁站立。他自己就在桌案上写符。半夜以后，他高兴地对杨场说："今天已晚，阴间使者不能马上来到。明天，你可用三十张纸做钱，多做些饼，带一壶酒，到定鼎门外的桑树林中间等候，有人过来，就请他喝酒。穿黑皮袄、露出右臂的人，就是阴间使者。如果他留下来喝酒吃饼，您就没有危险了。"

杨场按照占卜人的话做了。到了太阳偏西的时候，酒和饼快要被过路的人吃光了，可是穿黑皮袄的人还没到。杨场很是担心。不大会儿，穿黑皮袄的人终于来了。杨场命人连续地给他送东西，然后杨场才去拜见他。那个人严厉地说："你昨天到哪里去了？多次到你住的地方，就是没看见你。今天地府不断召你，该怎么办呢？"杨场拜了又拜，反复求教，达上千次，又焚烧大量纸钱，供给使者使用。鬼于是态度软化下来，指路说："感激你所施的大恩。明天我将与地府中的众官吏，一起商量这件事。你应该准备好丰盛的宴席，款待他们。"说完，就不见了。

得到指路的杨场，第二天准备好宴席，山珍海味齐备。傍晚，使者与几十个人一同来到，宴饮得非常高兴舒畅，酒足饭饱之后，他们抹抹油嘴，阴险地说道："杨长官的事，怎能不尽心呢！"他们想出一个李代桃僵、移花接木的损招，对杨场说："您对面的街坊杨钖，也有才干。现在把场字的王字旁擦掉，换上个金字旁，把他抓来。您五更时，听到鼓声响，应该在杨锡门前等候。如果听到哭声，您就可以免死了。"

杨场按照他们的话前去，看见鬼在树上，想要前往杨锡的住处，被狗所咬，不能前去。不大一会儿，此鬼从墙的缺口进去，接着听到屋里传出哭声。

杨场于是就免于死亡。

以上阴界的鬼，就是一群贪赃枉法的恶鬼。他们为了满足肚腹口舌之欲，竟然移花接木，改换生死簿上的名字，将无辜之人打入地狱。这个所谓阴界的故事也曲折地反映了封建社会的黑暗。

91

画皮鬼

画皮鬼，披着画皮的恶鬼。

清代小说家蒲松龄著《聊斋志异》中就有一个画皮鬼的故事。书生王某就碰见过一个画皮鬼，差点丢了性命。太原有个姓王的书生，起早赶路，看见一个女子，怀里抱着包袱，独自奔跑，很是吃力。王生赶上前一看，是个十六七岁的美丽女子，不觉怦然心动。于是搭话道："为什么一个人孤零零地在夜间走路？"那女子悲切切道："你这个走路人，我正犯愁，你何必多事。"王生关切地说："你到底有什么忧愁，说出来，我一定帮忙。"女子十分悲伤地说："父母贪图钱财，把我卖给一个大户人家做妾，大老婆非常嫉妒，对我非打即骂。我实在受不了了，就想远远地逃走。"王生慈悲心发作，就把女子带回了家，并把她安排住在书房里。女子让王生不要告诉任何人。过了几天，别人也没发现。

王生将此事悄悄地透露给妻子，妻子陈氏怀疑她是大户人家的小妾，劝他赶快打发她走，王生不听。王生偶然到市上赶集，碰上了一个道士。道士看到王生身上阴气太重，就提醒他，他不听。道士说："世上竟有死到临头还不醒悟的人呀！"王生还是不信，认为是道士想混饭吃。

王生回到家，发现大门闩上了，没能进去。他翻过矮墙，来到书房门外，又一推门，也闩着。王生便蹑手蹑脚地走到窗前，偷偷地往里一看，看见一个恶鬼，青面狰狞，锯齿獠牙，正把人皮铺在床上，用彩笔进行描画。不一会儿，放下彩笔，举起人皮，像抖衣服一样披在身上，立刻就变成了一个美女。

王生看得呆了，非常害怕。他赶紧爬了出来，到处寻找道士。找到道士后，跪着向道士求救。道士给了他一个蝇甩子，让他挂在房门上。王生回到家中，把蝇甩子挂在门上。半夜，那女子来到门前，看见蝇甩子不敢进来，好长时间才离去。不一会儿，又回来骂道："该死的道士吓唬我，难道到嘴的东西还要再吐出来吗？"于是取下蝇甩子撕碎，打破房门闯进来，登上王生的床，撕开王生的肚子，掏出王生的心走了。王生死了，妻子陈氏大声哭号。

第二天，陈氏让王生的弟弟二郎跑去告诉道士。道士跟着二郎来到王生家，不见了那妖怪。道士一看，那妖怪在二郎家，就去二郎家追杀妖怪。来到二郎家，道士举着木剑，高喊道："孽鬼！你还我蝇甩子！"那妖怪立刻变了颜色，慌忙想逃走。道士赶上前去，向它猛击，那物倒在地上，人皮哗啦一下脱了下来，变成恶鬼，躺在地上像猪一样嚎叫。道士用木剑砍下它的头，剩下的身子变成一股浓烟，道士拿出一个葫芦，拔开塞子，葫芦口把烟嗖嗖地吸了进去。道士把葫芦口一塞，装进口袋，然后把人皮卷起来，像卷一幅画一样，发出哗哗的响声。卷完之后也放在口袋里，准备告辞。

陈氏在门口迎着跪下磕头，哭着向他请求起死回生之术。道士说："我的道术浅，实在是不能起死回生。我给你介绍一个人，他或许能行。"于是给她介绍了街市上的一个疯子，请他试试，但他如果用言语侮辱你，你可不能生气呀！

二郎平时也听说过这个疯子，就同嫂子一同来到街市上，去找那个疯子。陈氏跪着膝盖前行，向那疯子说明来意。那个疯子笑着说："美人你爱我吗？"陈氏忍着侮辱，哀求疯子救活她丈夫。疯子又吐出一口痰，让陈氏吃下去。陈氏为了丈夫，勉勉强强地吃了，到了胸口就停在那里。疯子哈哈大笑，起身就走了。陈氏羞愧悔恨地回了家。

陈氏回到家里，抱尸收肠，一边整理一边哭泣。忽然想要呕吐，没等回头，胸口里的东西就掉到王生的胸腔中了。陈氏低头一看，是人的心脏，在胸中还突突直跳，冒出腾腾的热气。陈氏急忙用两手把腔子合上，使劲地抱紧，用手一摸尸体，渐渐温乎了，大亮时竟复活了。不久，王生就痊愈了。

王生被表面现象蒙蔽了眼睛，冲昏了头脑，是非不分，人鬼莫辨，差点搭上了性命。

92

鸦片鬼

鸦片鬼，吸食鸦片而亡的鬼。晚清小说家宣鼎著笔记小说《夜雨秋灯录》里就讲述了一个鸦片鬼的故事。

山东人徐若玉，到北京公干，夜来鸦片瘾上来，就赖在旅馆的床上吞云吐雾。刚抽出一点味儿，忽觉灯烛暗了不少。凭经验，徐若玉怀疑有鬼，就向空中喊道："鬼朋友！你如果喜欢，不妨来上几口。"边说边烧了个烟泡，送向空中。果然听到烟筒刷的一声，一口烟被吸得干干净净，再定睛一看，对面床上已经躺着一个人，二十来岁的模样，面目黧黑，衣服破烂像个叫花子。

那鬼见徐若玉并不讨厌他，便自我介绍说："小弟我姓马，名君研。从小读书时就染上了烟瘾。家父拿我没办法，被我活活气死了。我守丧服满，亲戚劝我戒改，送了盘缠让我进京应举童子科。考试的前一天，我多抽了几钱烟土，贪睡不起，醒来时已经日上三竿，试院早就关门了，只好在大烟铺中鬼混，直到身无分文，才被燕子窝的伙计赶了出来，找了一所野庙，靠干杂活服役糊口。抽大烟哪能没钱，我就偷了庙里和尚的香资，不想被人发现了，揍了个半死。我趁着黑夜逃了出来，一路乞讨，肚子填不饱倒是小事，断了阿芙蓉可真受不了。烟瘾发作行不了路，就躺在一棵大柳树下，结果让一群野狗上来，以为我是个死人，竟把我当作美餐瓜分了。来到阴间见到了家父，他已当了阴曹的小官，对我深恶痛绝，把我关在密室里，害我抽不成大烟，几乎发了疯。幸得父亲的几位老朋友好言相劝，让他把我放出来，去参加冥府征召遗才的考试。我经过这里，适逢先生横陈烟榻，烟气飞空，不禁喉中奇痒难熬，所以有所惊扰。望先生多多恕罪！"一面说着，一面目不转睛地望着烟筒咽口水。

后经徐若玉盘问，知道马鬼考试时间是从半夜一点到来日中午十二点，时间不多了。但马鬼还是乞求徐若玉再给他两筒，徐若玉只得答应。不想，得到大烟的马鬼，如获至宝，吸个不停，直到窗外鸡鸣。徐若玉催促他，他却满不在乎地说："先生可知道，我每吸一口鸦片，就飘飘然有如登仙。如今就是玉皇大帝召我去做香案吏，我都不屑响应，还去考什么劳什子的遗才呢！古代的名士不知芙蓉膏为何物，只能同酒结缘。先生难道不知道，嗜烟如命，就是今时的名士风度吗！"徐若玉闻言，不禁勃然动怒，命仆人将他赶出去。

只见马鬼从床上爬起，双膝跪下，一把鼻涕一把泪地哀求道:"阴间不比阳世那么糊涂，在这里凡是投考而赖试的，一律要捉去受砍脚的刑罚。我现在已误了试期，难逃重刑，家父又不会再收容我。求您老发发善心，允许我就此寄躲在您床下。我也不敢奢望再抽什么烟泡，只要您老烟筒中吸剩下的膏灰让我闻闻就得了。"徐若玉见他那死皮赖脸的样子，也毫无办法。

此时，阎王特派牛鬼来搜捕遗才投考缺席者。但牛鬼也是一个鸦片鬼，见到鸦片也是挪不动脚步。就这样，让马鬼溜走了，故事也就完了。

鸦片鬼是冥界诸鬼的一分子。吸食鸦片对人危害之大，从中可见一斑。

人参鬼

深山老林中的千年人参形成的鬼。

吉林的参农袁子才的遭遇可谓离奇。袁子才，清代嘉庆年间人氏，祖上历代采参。祖父上山采参，一去不再复返；父亲进山采参，被参鬼推下山崖，摔断了一条腿。袁子才在父亲的指点下，凭着强壮的身体和娴熟的功夫，采参前几年还算顺利。

这一天，袁子才进山采参，爬上了天池。朝下一望，见山腰间有一洞，洞口形状奇巧，四周布满怪石。他断定这是一个参洞，并且里面定有佳品，于是他小心翼翼地进入了山洞。不一会儿，洞内豁然开朗，眼前出现茅屋两三间，小桥流水，鸟语花香，一派田园风光。一位老者，银须白发，精神矍铄，身着古装，手持拐杖，向他徐徐走来。走到近前，向他作了个揖，用洪亮的声音对他说话。可这老者的话，袁子才一句也听不懂。老者见状，哈哈大笑，伸出右手，往西一指。

袁子才明白了，顺着他手指的方向行走了十余里，见一奇观。这是一个深涧，两岸开满鲜花，鲜艳无比，参苗遍地，果实累累。这一宝藏，令袁氏欣喜若狂。他拿出利斧，飞速采集，置于背篓之中。看看背篓将满，他意犹未尽，攀附山石，沿着深涧顺流而上。

此时，他忽然听到一声怒吼，接着是鞭打声和女子的哭叫声。袁氏竖起耳朵，细辨声音发自一块巨石之后。他悄悄地爬上巨石，慢慢探出头来，看见一番令人惊异的场景：

一位中年男子正指挥数名小卒，鞭打六名衣着华丽的女子。六名女子顿时皮开肉绽，鲜血淋漓，哀号哭泣，响成一片。

袁氏正看得入神，突然觉得双脚被人拽住，猛地一拉，他一下子滑下巨石，摔倒在地。

他爬起身来，看到一位年轻女子对着他怒目而视，骂道："你这汉子，好没道理。光天化日之下，竟敢偷我园中之物，背篓装满，却还得陇望蜀，何其贪得无厌。"说着她手撮泥沙，朝袁氏泼撒过来。袁氏眼前一片迷茫，心中却像明镜般透亮。他知道这女子绝非凡人，一定是传说中的深洞之鬼了。他连忙跪在地上，磕头求拜，口中一连声："娘娘饶命，娘娘饶命，小的误入山洞，还望娘娘高抬贵手，放我一条生路吧。"女子道："好，念你忠厚孝道，我网开一面，你迅速离开。要是碰上家母，你就必死无疑了。"袁氏揉揉眼睛，定神望去，面前一切，杳无踪迹。

袁氏急奔数十里，穿过一个山洞，来到一座小山。翻过小山，来到一个村庄，一打听才知道是李庄，离自己家足有六十多里地。到了家，他打开背篓，发觉所采之参全是珍品，价值连城。他将这些人参售完，发了一笔小财。从此他们一家人吃穿有余，过上了好日子。

94
邪气鬼

鬼都身带邪气，人充满了正气，邪不压正，正气永远能够战胜邪气。

清代纪昀著《阅微草堂笔记》里，记载着一个邪气鬼的故事。安生病倒在床上，已一月有余，悲观失望，精神萎靡。家人为他四处求医问药，可他的病总是不见好转。一天，他迷迷糊糊地昏睡在床上，忽然听见隔壁有两个人在对话。

一个说："南山有个厉鬼，长着满头的红发、满脸的红胡须，血盆的大口中伸出两尺长的獠牙，眼睛大得就像两个簸箕，肚子突出在外，犹如巨大的水桶，身体有四丈八尺高。它的名字叫獠獠。平日把猛蛇毒蝎当家常便饭，以飞鹤鸷鹰为美味佳肴。吐出气来如云如雾，结成瘴疠，人一接触这种瘴疠之气，就会中蛊毒而生病。现在安生就是中了这种毒，你有什么好办法医医他呢？"

另一人答道："当初我跟我师父去游泰山，登上最高的峰顶，远远看到一个鬼，头有十亩地那么大，身体与山峰一般高，一头乱蓬蓬的毛发就像满山的荒草，两根獠牙足有数丈长，十个指甲弯弯的就像十只大铁钩。它的名字叫貘貘。它常常吃山精野怪，口里能吐烈火，鼻中常喷出黑烟，形同毒气。人一旦吸入，就会马上死去。由此看来，你说的南山之鬼就显得微不足道了。我手中有把利剑，连这样的鬼我都能把它斩除，又何必担忧呢？"

前一人又说："就算除灭了鬼，假如病气去除不了，又怎么办呢？"后一人答道："我有三昧之火，可以烧尽它。它只不过是一股邪气罢了，又怎能敌得过我所拥有的人道之正气？"前一人恍然大悟："哦，我明白了。安生的病，在于缺乏正气。邪气能危害人，但只要正气充足，邪终究不能克正。"说完，就静悄悄地再也没有声音了。安生急忙叫家人去看看谁在那里，家人拿蜡烛找了半天，也没找着一个人影。

第二天，安生仔细回味着听到的话，想道："我平生不信邪，那么再凶恶的厉鬼，对我来说也是不存在的了。我堂堂七尺之躯，生了点小病，怎么就老是担惊受怕，被他压倒呢！"这一念才生，只觉得胸中灼热如烈火在焚烧，一个多小时后，那火烧般的感觉才退出，自此病就渐渐痊愈了。

獠獠和貘貘不过是邪气之鬼罢了，并不可怕。

大鼓鬼

大鼓鬼，由陈年旧鼓变成的鬼。

这事发生在学子张生身上。

快过年了，在云南游学的张生决定回家乡常德探亲。书童为他挑着行李，骑马登舟，一路辛苦，不觉天黑，到了一个村庄。此处没有落脚之地，只得在一座古庙暂住。有位老者介绍说，这座古庙荒废多时，经常闹鬼。张生一向胆大无畏，决定住在古庙里。

住下后，张生埋头读书，读得津津有味，竟忘却了时间，不知不觉，已是二更时分。突然，一阵寒风从门缝中钻进，把几案上的书本掀落在地，张生不由得打了一个寒战。稍一定神，只见一个穿着红衣服的美貌女郎，大约十八九岁，体态轻盈，从门边走来，看着自己哧哧发笑。张生顿时意识到这就是人们传说的妖精，倒想看看她的表演，就冷静地把书捡起来，故意做出专心读书的样子。女郎见张生不理她，就微微唱道："昔伴笙歌队，今居土木旁。铜丸埋汉殿，谁是定陶王？"唱完，笑着问："先生，您知道这首歌吗？"张生冷冷答道："不知道。"于是女郎又稍稍走近了些，说："还有一首新歌，唱给您听好不好？"张生说："你爱唱就唱吧。"女郎听了，捏起裙角，舞动衣袖，踩着节拍，邪送秋波，嗲声嗲气地唱起来。她曼舞轻歌，楚楚动人，张生心中不禁一动，顿时感到半身有种酥麻的感觉。女郎灿然一笑，接着唱道："闻道萧郎爱细腰，齐娘薛姐颤声娇。自怜不及双飞鹭，犹伴行人宿丽谯。"歌声于妩媚中又添了几分哀怨，令张生再次怦然心动，这一回，另一半身子也酥麻起来。张生暗忖不好：常言道，邪由人兴。我一向正直立身，难道就抵挡不住这点诱惑不成？一动念，酥麻的感觉就退去了大半。那女郎歌声才罢，身体已移至几案旁，含情脉脉地凝视着张生。张生眼看按遏不住心猿意马，突然灵机一动，取笔蘸些朱墨，出其不意地在女郎脸上涂了一下。女郎猝不及防，啊地惊叫了一声，转身就走，再也没有回来。

第二天早上，张生把昨晚所见所闻告诉了村里人，请他们找一找妖精的踪迹。于是大家把古庙内外搜索一遍，在大殿的角落里，发现一个弃置已久的红色破鼓，鼓面上一道朱墨清晰可辨。从回忆起来的歌词看，这是一面唐代的乐鼓。

大伙把鼓劈开，鼓里顿时流出黑红色的血，还有不少人的骸髅。自从把这鼓劈除后，庙里再也没有妖魅作祟的事情发生了。

厕所鬼

厕所里的鬼称厕所鬼。唐代宗永泰元年（765），太原人王容和姨表弟李咸相约到南方办事。他们到达邓州（今湖北邓县），就随马车住在驿站。

时值夏日，房门敞开。王容与李咸在屋内，各睡一床，仆人们俱睡在外间。大家都睡了，只有王容睡不着。估摸三更时分，王容发现有一妇人在窥视他们的房间。只见她身着绿裙红衫，颇有些姿色。这时李咸坐了起来，妇人对他招了招手。王容心想：这妇人大概是表弟的旧相好，也许是哪个驿吏的妻子呢。我假装睡着，看他们干什么。说时，李咸已起床向妇人走去，他们手拉手，边走边窃窃私语。王容起床尾随他们，见他们俩并肩坐在庭院里，看样子甚是亲热。大约一顿饭的工夫，李咸独自返回卧房，打开行李，取出纸笔写了些什么，又将衣物打成一包。王容以为他要赠送给那妇人，哪想他把衣包放在床上，抱起被子又出去了。这一回他与妇人走进偏院，那偏院里有堂屋，堂屋里有床。王容心想：李咸与那妇人肯定去干那好事去了，让我去吓唬吓唬他们。

于是就抱着枕头，轻手轻脚地走到偏院，闪身进屋，岂料被眼前的情景吓了一跳：只见李咸躺在床上，那妇人正用披巾勒他的脖颈，李咸已经快被勒死了。再看那妇人脸面有三尺多长，一片雪白，看不清眼睛鼻子，分明是一个女鬼。王容大叫起来，并把手中的枕头扔了出去。那女鬼逃了出去，王容紧追。女鬼逃进厨房，坐在那里，头顶碰到屋梁，好久才消失。

再说王容的叫声把仆人们都惊醒了，赶去看李咸，只见他七窍流血，已经昏死过去，唯有心口尚有热气。大家忙不迭招魂、调理，一直折腾到天亮李咸才苏醒过来。王容取来李咸昨晚所写的字条，乃是寄给家人的一封诀别信，以衣物为信物。信中没说要到哪里去，但语句凄凉动人。等李咸能说话，问起他所发生的一切，都不记得了，只说仿佛记得有一丽人引诱他，其余什么都不知道了。

驿站的老人说，以前就传说厕所里曾闹过鬼，五十年前就有一个客官被杀。自此以后，王容逢人便说女鬼惑人的事，并劝说别人夜晚不要一个人睡，以免发生意外。

偏屋就是厕所，女鬼就是厕所鬼。

97

多头鬼

多头鬼，长着多个头颅的鬼。有双头鬼、九头鬼、丛头鬼和无脸鬼。

清人乐钧的《耳食录》中就有一段多头鬼的故事。从前，一个书生清晨想到院子里散步。刚走到廊上，见到台阶上有个人在睡觉，鼾声如雷。书生好奇地近前一看，吓出一身冷汗。这哪里是人，分明是个怪物，一个身体上长着两个脖子、两个头。家里众人听到书生的叫声，都手持棍棒赶来。那怪物也被惊醒了，霍地站了起来。怪物的两个头上，耳朵、眼睛、嘴巴、鼻子与常人无异，只是两张脸截然不同：一张牙落嘴瘪，布满皱纹，像个老人；一张唇红齿白，皮肤细腻，完全是少年模样。那年老的，表情忧伤；而年少的，则笑容满面。众人看着怪物吓呆了，只听得两个头异口同声地说："我还算不上奇异，落瓠山上有个叫訑訑的，那才是真叫怪物呢！我去把它领来，让你们开开眼界。"说完，嗖地跳上屋檐，不见了。

过了老半天，那双头怪物带着另一怪物来到台阶前。如其所言，这家伙模样更是怪异。

它身体与人并无二致，但环绕着肩却长着九个头，有拳头般大小，长相各异，表情更是千奇百怪：有的嬉皮笑脸，有的哀伤哭泣，有的喜气洋洋，有的怒火冲天，有的愁容满面；有的双目紧闭似在酣睡，有的歪头侧耳似在倾听，有的叽叽喳喳自言自语，有的凝神静默宛然沉思。九头怪物看到周围的人们，既不惊恐躲避，也不靠近，一副无所谓的样子。而那双头怪站在旁边，却是毕恭毕敬，就好像是九头怪的奴仆。众人看着这两个怪物，面面相觑，不知该怎么办才好。九头怪突然说道："我还不能算这个世界上最奇异的人。为什么不去把那觊觎请来呢？"于是，那两个怪物就跑出了门。

不大会儿，那两个怪物就带着另一个怪物从门口进来。它也有着人的身体，可它的头却多得数也数不清，就像累累相叠的花瓣，一个个都只有桃子核大小。

那些小头有貌美的，也有丑陋的；有脸相奇特的，也有五官端正的。有的仰头观天，有的垂首俯视，有的侧着脸，有的头靠头。吵吵嚷嚷的，听不清它们在讲些什么。

突然，怪事发生了。一个个小头变幻出新的相貌，竟然与围观着的人们脸相表情一模一样，无丝毫差别。众人你看看我，我看看你，再看看那怪物身上与自己一般的脸，惊骇得一片哗然。

不知过了多久，人们发现那三个怪物突然变得惊恐万状。低头一看，见地下伸出一双倒立的脚来，接着又慢慢地长出一个身体，然后是手和肩膀。还没等人们明白是怎么一回事，那地下长出的怪物一跃而起。它有着像水瓮一般的光溜溜的大脑袋，既没有眼睛鼻子，也没有耳朵嘴巴。而先前那三怪见它立起，拔腿就跑，无脸怪紧追不舍，它们跑得比飞鹰还快，顿时不见了踪影。人们最终也没有弄清它们都是什么妖怪。

98

无头鬼

无头鬼，阴间没有头颅的鬼。

清代作家黄钧宰曾写过一个无头鬼的故事。黄钧宰有两个仆人，一个姓李，二十来岁；一个姓金，年纪稍大些。据说，他俩有特异功能，能够看见鬼。某天晚上，李仆从厕所出来，看见路上有一个老人，手提酒壶，匆匆而走。不一会儿，后面跟来一个壮汉。老人听到脚步声，回头一望，只见来人脸上黑一道白一道，禁不住惊骇地大叫："有鬼！有鬼！"拔腿就跑。那壮汉紧追不舍。老人突然跌倒，壮汉便赶了过去。李仆好奇，远远地跟着，悄悄地躲在一棵大树后面观看。

那壮汉来到老人身边，俯下身子，去拉老人肩膀。老人转过身来，挥动手中酒壶，打开了壮汉伸来的手。就在这一瞬间，壮汉发现老人脸上一片灰白，鼻子嘴巴什么也没有。这一回轮到他大叫起来："有鬼！有鬼！"声音凄厉，令人毛骨悚然。

忽然，不知从哪儿钻出来一个穿白衣服的人，像是书生模样。他径直来到两人身边，拉住他们，呵呵笑道："月白风清，朗朗乾坤，哪来什么鬼！这儿有只酒壶，我正好带着些下酒菜，让我们一起喝一杯吧！"两人不依，书生硬拉着他俩坐下，轮流饮酒。

喝酒时，那个书生把自己颈上的头颅摘下，放在膝盖上。那颗头转动着眼珠，还不停呵呵地笑着。老头和壮汉神情木然，像是惊呆住了。书生见他俩不言不语，不禁发起怒来，嚷道："鬼在哪里？你们是说我这模样奇怪吗？我去请我师父时茅来，他才真算怪模样呢！"说毕，弃下头颅，无头的身子飞奔而去。留下的两人依然呆坐着，面面相觑。只一会儿工夫，书生已领来了一个怪物。那怪物身体与常人无异，却密密麻麻长着九颗人头，面貌分辨不清，只是喊喊喳喳吵闹不停。书生指着它对二人说："你们看，这不比我更怪异吗？"那老人和壮汉，噗的一声瘫倒了。

正在偷看的李仆，吓得魂不附体，回身就跑。刚一举步，脚似踢到了什么软绵绵的东西，定睛一看，地上升起一只脚掌，接着是另一只。两只脚掌像树木般往上长，现出了小腿、大腿，不一会儿身子、肩膀、头部，一个完整的人形倒插在地上，头大如斗，五官俱无。李仆魂魄俱消，没命狂奔，逃到黄钧宰的住处。

金仆听了李仆的叙述，强拉着他再出门去看。他俩举着火把，奔到树边。那倒立的怪物吃了一惊，又一段段缩回土中。再遥望书生周围，群魔乱舞，不一而足。金仆举着火把冲了过去，那九头的时茅呱的一声，变作一只九头鸟扑上天空，其他群怪也嗷叫着四散奔逃。那书生急忙拾起头来往脖子上装，早被金仆一把扯住。书生气急败坏地提着头乱打。那颗头忽然张目吐舌，头发披开有数尺长。金仆冷笑道："就这点本事吧？老子可不怕！"一眨眼间，书生安上头，变作了一名年轻女子，跪在地上哀求。金仆仍紧追不放。女子颤抖个不住，终于露出了本相，原来是一只白色的狐狸。金仆取出绳子，将它紧绑了。

地上只留下那老人和壮汉，渐渐苏醒过来。原来那壮汉先在村上喝醉了酒，席上的酒友们开玩笑用墨在他脸上涂了一道道花纹，壮汉一点都不知道。他扶醉回家，看见老人带着酒壶，忍不住馋性又发，故此紧追其后。而那老人也不是什么鬼物。他逃奔之中一跤绊倒，恰恰跌在一堆灰土上，糊没了鼻子嘴巴。这两人互相疑心，却不料遇上了真的鬼怪。

这则笔记，出现了无头鬼、九头鬼，但也写出了所谓的疑神疑鬼之事。

99

多毛鬼

多毛鬼，身上长着许多长且硬的毛发的鬼。

据宋代李昉编著的短篇小说集《太平广记》记载，唐朝宰相李林甫的宅院里就闹过多毛鬼。

唐玄宗的宰相李林甫是一个臭名昭著的奸相。他家住在长安平康坊南街。他在家中建造了一座偃月堂，外形十分奇特，好似半轮月亮。偃月堂的门、窗、梁、柱都经过精雕细刻。其房舍无屋能比。

李林甫在偃月堂的时候，经常酝酿阴谋杀人的勾当。他擅长当面一套、背后一套，许多良臣猛将死在他的手里。

作恶多端的人常常遭到报应。他的家中常常出现一些令人恐怖的现象。

有一次，李林甫坐在偃月堂里，忽然看见一个全身长着粗鬃似的硬毛的人，目光炯炯如电，举起三尺多长的爪子就朝自己扑来。李林甫逃到一边，他的婢子来不及逃走当即倒地身亡。怪物又狂笑着蹿入马厩，马厩里的一匹骏马也死了。

李林甫非常害怕，然而怪事仍然不断发生。又有一次上早朝前，李林甫从仆人手中拿过放文书的口袋，口袋一下子变得很重，从里面倒出两只老鼠。老鼠突然合成一只张牙舞爪的大黑狗，待李林甫叫仆人用弓箭射它时，大黑狗又一溜烟似的不见了。李林甫自此卧床不起，不多久便一命呜呼了。

唐代小说家陈劭著《通幽记》中还有一个关于多毛鬼的故事。

据说，唐德宗建中二年（781），江淮一带盛传有多毛鬼从湖南前来。据说这种鬼变化多端，专吃少男少女，百姓甚是恐惧。

曾任兖州功曹的刘参，家住广陵（今扬州）。他有六个儿子，皆勇猛过人。刘参每天夜晚都将几个女儿关闭在堂屋里，自己率领六个儿子持弓箭守夜。

一天下半夜，月黑风高，忽听得堂屋里诸女惊叫，说多毛鬼已在屋中。刘参与六个儿子都大吃一惊，因堂屋门关死，一时无法进去相救，只得在外窥其动静。但见堂屋有一体大如床的方状怪物，高三四尺，遍体长满像刺猬那样的针刺，四面都有脚，正在堂屋内转走。怪物旁站着一鬼，浑身披着青黑色的长毛，爪牙锋利如剑。它先把刘参的小女儿扔到多毛鬼身上，又去抓二女儿。情势甚是紧迫。刘参的六个儿子齐心协力撞破了墙壁，冲了进去，箭矢齐发，多毛鬼逃走，那青黑色的鬼也跟在后面。转眼，跟着的鬼不知去向，而多毛鬼仍向东逃去。众人追上，弓弩所向，瞬间中箭上百，不能再逃。

刘参的一个儿子冲上去抱着它的毛刺，用力朝外拔拉。毛鬼挣扎着，连同刘参的儿子都掉到了水里。刘参的儿子大

声疾呼："我已抓住鬼了，赶快来救援！"待众人赶到河边，用火照明，只见刘参的儿子抱着桥柱，却不是什么多毛鬼。这个儿子的身上尽是爪伤，小女儿被遗落在路上。虽然鬼未抓获，但幸在人亦无大伤亡。

经过这一折腾，江淮一带太平了数日。但好景不长，不久兵营里的一个士兵又称夜里见到多毛鬼在屋顶上飞奔，用箭射不到，随即呼叫起来，又惊动了许多人。第二天，官府将这名士兵治罪，说他未能抓到盗贼而妄称是鬼妖。自此以后，有关多毛鬼的传言逐渐地平息。但多毛鬼究竟是怎么回事，谁也说不清楚。

无形鬼

100

可以变化各种形态的鬼称无形鬼。

据《稽神录》记载，五代时一个军官家中就碰到过这种鬼。

五代时，清源（今山西清徐境内）人杨某，担任本郡防遏营副将，多行不法，鱼肉乡里，在城西建有一所宽大的宅第。由此，他家被鬼盯上了。一天清晨，杨某去官府，至晚未归。家人开始吃晚饭。忽然看见一只鹅，身上背着纸钱从门外进来，直接奔入西厢房中。家人让奴仆把鹅赶走。奴仆进入房中，不见白鹅，只见一个双发髻、白胡子的老翁。家里人一听闹了鬼，都纷纷逃跑。

杨某回来后，听说此事，十分震怒。他拿了木棍去打鬼，但鬼在壁角间幻化出没，忽隐忽现，灵巧异常，木棍根本打不到它。杨某越发恼怒，说：

"等我吃完了饭再跟你算账。"鬼却一副嬉皮笑脸的样子，施礼道："那好吧。"

杨某有两个女儿。长女入厨房切肉，肉一落到砧板上就不见踪影。杨女拿着刀在空中乱砍，空中便露出一只又大又黑的毛手，对她说："请砍吧。"大女儿吓得几乎断气，从此落下了疾病。次女到大瓮中去拿盐，忽然有一只猴子从瓮中冲了出来，跳到了她的背上。二女儿吓出了疯病。

鬼变来变去，杨某不堪其扰。杨某请来了巫师，设立斋坛捉鬼。不料鬼也幻化出一座斋坛，公然上坛作法，气势比巫师更大。巫师法力不及，吓得抱头鼠窜。不久，杨某的两个女儿和妻子都无端死去了。

后来，来了一位法术高超的巫师，名叫明教。杨某请他作法守更一夜，终于压倒了鬼的妖术。鬼从此不见踪影，而杨某这一年也死了。

图书在版编目（CIP）数据

冥界百鬼 / 徐彻著. -- 上海：上海三联书店，
2024.5 重印
（中国民间崇拜文化丛书）
ISBN 978-7-5426-6581-2

Ⅰ.①冥… Ⅱ.①徐… Ⅲ.①鬼-文化-介绍-中国
Ⅳ.①B933

中国版本图书馆CIP数据核字〔2018〕第282645号

冥界百鬼

著　　者 / 徐彻
责任编辑 / 陈马东方月
装帧设计 / 七月合作社
监　　制 / 姚军
责任校对 / 叶学挺
出版发行 / 上海三联书店
　　　　　（200041）中国上海市静安区威海路755号30楼
邮　　箱 / sdxsanlian@sina.com
联系电话 / 编辑部：021-22895517
　　　　　发行部：021-22895559
印　　刷 / 上海盛通时代印刷有限公司
版　　次 / 2019年2月第1版
印　　次 / 2024年5月第15次印刷
开　　本 / 787×1092　1/32
字　　数 / 120千字
印　　张 / 8.75
书　　号 / ISBN 978-7-5426-6581-2/B·622
定　　价 / 52.00元
敬启读者，如发现本书有印装质量问题，请与印刷厂联系021-37910000